Adolf Eder

UNBEDANKT UND UNERWÄHNT

DER BAUARBEITER

ERLEBNISSE UND ANEKDOTEN AM BAU

ADOLF EDER

Unbedankt und unerwähnt

DER BAUARBEITER

ERLEBNISSE UND ANEKDOTEN AM BAU

Bibliografische Information der Deutschen Nationalbibliothek: Die Deutsche Nationalbibliothek verzeichnet diese Publikation in der Deutschen Nationalbibliografie; detaillierte bibliografische Daten sind im Internet über dnb.dnb.de abrufbar.

Herausgeber: Adolf Eder
Wien, Österreich

Herstellung: BoD – Books on Demand, Norderstedt

Printed in Germany

ISBN: 9783744813143

VORWORT

Das vorliegende Büchlein beschreibt das Leben eines Bauarbeiters der Nachkriegszeit, von 1947 – 1970. Es ist „meine Geschichte" - (Biografische Niederschrift). Stellvertretend für alle Bauarbeiter meiner Generation!

Bei Festivitäten wie GRUNDSTEINLEGUNGEN, GLEICHENFEIERN oder BAUÜBERGABEN, wo oft große Reden gehalten werden, Bauherrn, Architekten und Firmeninhaber Erwähnung finden, stehen oft die Bauarbeiter bescheiden abseits und finden wenig Beachtung.
Sie sind die dienstbaren Geister, die eben da sind. Dabei sind sie es, die mit ihrer Hände Arbeit, ihrem fachlichen Wissen, mit Fleiß, Ausdauer und körperlicher Anstrengung es erst möglich machen, dass ein Bauwerk vollendet werden kann.
Das meist bescheidene und stille Völkchen, hat den Wiederaufbau unseres Landes in den Nachkriegsjahren bewerkstelligt, es hat aus Schutt und Asche tausende Wohnungen und Heimstätten in unserem Österreich des Nachkriegszeit entstehen lassen – Ihnen gebührt unser Dank – der in meinem Büchlein nicht unerwähnt bleiben soll.

Adolf Eder

1947: LEHRJAHRE SIND KEINE HERRENJAHRE

TEIL 1

Ich hatte als Vierzehnjähriger meine Pflichtschule abgeschlossen, meine letzten Ferien auf einem Bauernhof verbracht, doch jetzt stellte sich die Frage, was nun weiter? Ich war ein Wiener Pflegekind und verbrachte meine Kindheit und Jugend im niederösterreichischen Alpenvorland (Mostviertel).

Meine Pflegeeltern stellten sich die Frage, was machen wir mit dem Jungen? Ich wollte Tischler werden und so ging meine Pflegemutter eines Tages mit mir in Waidhofen a.d.Ybbs zu einem Tischlermeister. Als wir die Werkstatt betraten, in der drei Hobelbänke und eine Drehbank standen, empfing uns ein stämmiger Mann mittleren Alters, der einen blauen Lendenschurz trug. Meine Pflegemutter stellte uns vor und brachte ihr Anliegen bezüglich meines Berufswunsches zum Ausdruck. Der Mann musterte mich sehr eingehend und meinte dann zu meiner Pflegemutter gewandt: liebe Frau, ihren Buben kann ich leider nicht brauchen, der ist mir zu klein und auch zu schwach. Das ist kein Tischler, der kann vielleicht Schuster oder ein Schneider werden, oder mit seinen feinen Handerln vielleicht ein Frisör.

So gingen wir also unverrichteter Dinge ziemlich ent-
täuscht und ratlos nach Hause. Einige Tage später
besuchte uns mein Firmpate, er war Zimmerer und
Polier bei einer Firma in Waidhofen. Meine Pflegeeltern kamen auf den Gedanken, ihn wegen eines Lehr-
platzes bei seiner Firma für mich zu fragen.

Gustl, so war sein Name, ein ziemlich robuster und
auch kaltschnäuziger Mann im besten Alter, machte
ein saures Gesicht. Das Ansinnen meiner Pflegeeltern
war ihm unangenehm, doch meine Pflegemutter erinnerte ihn an seine Patenschaft, die er für mich übernommen hatte. Er wollte sich davor drücken, aber
nach einigen Drängen, versprach er doch für mich bei
seiner Firma vorzusprechen.

Er besaß ein Motorrad mit Beiwagen, mit dem er tatsächlich eine Woche später angefahren kam und sagte kurz zu mir: „Steig auf Bua, mia foarn zan Oiden",
gemeint war sein Chef, der Baumeister. Damit nahm
das Schicksal für mich seinen Lauf. Wir fuhren nach
Waidhofen und er ging mit mir in die Baukanzlei.
Ich betrat mit zittrigen Knien den Raum und auch ein
wenig Angst mischte sich in meine Gefühgle, stand
ich doch vor einem völlig neuen Lebensabschnitt.

Der Gustl schritt mir mit polternden und selbstbe-
wussten Schritten voran, er war ja hier quasi zu Hause. Er war als Polier ja auch ein tüchtiger Mann, der
sich schon ein sicheres Auftreten leisten konnte.

Im ersten Zimmer, das wir betraten, saß der Lohnbuchhalter, ein kleiner Mann mit leichtem Höcker
am Rücken, die gute Seele der Firma. Wie ich später
feststellte, sprach er nie ein lautes Wort, war immer
höflich und er besorgte nicht nur die gesamte Buch-
haltung der Firma, er machte auch die Lohnverrech-
nung sowie den gesamten Schriftverkehr.
Er begrüßte uns freundlich, besonders mich. Ich
hatte sofort Vertrauen zu ihm und das blieb auch,
solange wir uns kannten. Er war immer ein helfender
Freund für uns Buben.

Im Nebenzimmer thronte, für mich in der damaligen
Stunde – Gott persönlich in Gestalt des Baumeisters.
Ich zerfloss innerlich vor Ehrfurcht, ich stand meinem
zukünftigen Lehrherrn gegenüber. Er war ein stattli-
cher Mann, Anfang der Fünfzig, hatte schneeweißes
Haar und eine braune Hornbrille, über die hinweg er
mich kritisch musterte.
Ich war ihm sichtlich auch zu klein, das merkte ich
an seinem Blick, aber er sagte nichts darüber, wohl
aus Rücksicht vor seinem Polier, das spürte ich.
Er verlangte mein Schulabschlusszeugnis, das er
genau betrachtete und einige Male nickte. Wie mir
schien, beifällig. Ich hatte ein gutes Zeugnis, bis auf
eine Drei in Deutsch, die übrigens geschenkt war,
denn mit der Rechtschreibung hatte ich immer Probleme.
Er sah mich wieder durchdringend über seine Hornbrille an und fragte mich direkt und geradeheraus

11

„Du willst also Zimmermann werden?" Als ich mich beeilte rasch „Ja" zu sagen, gab er mir mit einem etwas sorgenvollen Blick, wie mir schien, mein Zeugnis zurück. Er wandte sich an Gustl, seinen Polier und meinte „Ein wenig klein ist er halt". Gustl beeilte sich zu versichern „Aber er hat feste Schultern und wochsn wird er ah noh". Der Baumeister erhob sich von seinem Stuhl. Er war ein groß gewachsener Mann, der den Gustl um einen halben Kopf überragte und sagte zu ihm „ wennst moanst". Zu mir gewandt meinte er „dann probiern mas halt, drei Monate sind Probezeit". Er gab mir die Hand und strich mir anschließend über den Kopf. Eine wohltuende Geste, die mir in meiner damaligen Lage wie eine Segnung vorkam.

Er öffnete die Tür und sprach zum Lohnbuchhalter „ gem's den Buam an Aufnahmeschein" und zu mir sage er „und du schau, das't am Montog um sieben Uhr in der Werstatt bist", damit war ich aufgenommen. Meine Aufnahme erfolgte sicher nur wegen dem Gustl und seiner Stellung in der Firma, das spürte ich genau. Dennoch war ich überglücklich, relativ rasch, trotz der widrigen Umstände der damaligen Zeit, einen Lehrplatz gefunden zu haben. Das verdankte ich dem Gustl, das war mir bewusst.

Ich bedankte mich auch sofort bei ihm, als wir vor dem Büro auf der Straße waren. Er jedoch quittierte meinen Dank nur mit einem unangenehmen Brummer, es war ihm alles zuwider, was er für mich zu machen hatte.

Zu Hause angekommen, kann man sich meine Freude über meine Aufnahme vorstellen, denn so einfach war es nicht, einen vierzehnjährigen Jungen, der noch dazu klein und zart war, irgendwo unterzubringen. Zu Hause konnte man mich nicht behalten, die einzige Möglichkeit wären die Bauern gewesen, wo man vielleicht hätte unterkommen können, aber die wollten nichts bezahlen und brauchten auch nur Saisonarbeiter. In den Nachkriegsjahren waren die Menschen gezwungen, bei den Bauern für Essen zu arbeiten.

Ich aber hatte es geschafft und zwar gleich auf Anhieb, doch nun ging es an die Vorbereitung. Mein Pflegevater richtete mir einiges altes Werkzeug her, Kacke, Stemmeisen, Hobel und Säge und meine Pflegemutter eine geflickte blaue Jacke mit Hose. Ich bekam noch einen zwei Meter langen Maßstab mit Zimmermannsbleistift und als Krönung meiner ersten Arbeitsausrüstung einen alten Rucksack.
Am darauffolgenden Montag, den 2. September 1947 sollte meine Arbeiterlaufbahn als Zimmerer Lehrling beginnen.

DER ERNST DES LEBENS

Schon zeitig, um 5 Uhr früh, musste ich mich von meinem Bett trennen, um den Zug der Ybbstalbahn um 6 Uhr nach Waidhofen zu bekommen. Vom Lokalbahnhof in Waidhofen musste ich noch eine halbe Stunde zu Fuß gehen und zwar schnell, um den Beginn meiner Arbeitszeit nicht zu versäumen.

Mein Tagesablauf sah so aus: am Morgen früh aufstehen, 30 Minuten Bahnfahrt, eine halbe Stunde rascher Morgenmarsch, 9 Stunden Arbeit, wieder zurück zum Bahnhof, Bahnfahrt, zu Hause angekommen waschen, essen und rasch ins Bett, denn um 5 Uhr morgens war die Nacht zu Ende.

An den freien Samstagen mussten noch zu Hause Arbeiten verrichtet werden, damit blieben die Sonntage, die einzigen freien Tage der Woche, wo man das machen konnte, was man gerne tat.

Dieser eintönige Rhythmus des Arbeitslebens begleitete mich drei Jahre lang.

Doch zunächst begann ich meinen ersten Arbeitstag.

Es war ein schöner sonniger Spätsommertag, die Sonne schien strahlend und warm, doch ich musste in der staubigen Werkstatt mit einem älteren Zimmermann, für einen Fußboden, Schiffbodenbretter (Nut und Feder) vorrichten. Erst mussten die Bretter maschinell gehobelt werden, das ging so vor sich. Der Geselle schob die Bretter vorne in die Maschine, ich musste sie rückwärts, nachdem sie die Maschine durchlaufen hatten, herausnehmen und schlichten. Ich musste mich sehr beeilen, denn die Maschine gab das Arbeitstempo vor und der Geselle schob vorne rasch die Bretter hinein. Ich war über und über mit Holzstaub bedeckt und sah vor lauter Staub gar nicht

14

richtig aus den Augen. Als diese Arbeit zu Ende war,
mussten die Fußbodenbretter zur Abrichte, wo ebenfalls maschinell, Nut und Feder hergestellt wurden,
damit sich die Bretter staubfrei am fertig gestellten
Fußboden verbinden konnten.
Zur Mittagszeit zwischen 12 und 12.30 Uhr aßen
wir, auf Bänken sitzend, unser karges mitgebrachtes
Essen aus dem Kochgeschirr. Es war immer wenig,
vielleicht etwas Kartoffeln und Gemüse oder oft nur
ein Stück trockenes Brot.
Hernach ging die Arbeit flott und zügig weiter, bis
zum Abschluss der Arbeit um 17 Uhr, dem Feier-
abend . Danach musste die Werkstatt noch sauber
gemacht werden. Diese Arbeit musste von uns Lehrlingen gemacht werden. Wir waren drei Lehrlinge, der
Fritzl, der Hubert und ich und jede Woche war ein
anderer an der Reihe.

Als der erste Arbeitstag meines Lebens vorüber war,
der mir extrem lange gedauert hatte, und ich mir
den Staub aus meinen Kleidern klopfte, mir Gesicht
und Hände gereinigt hatte, wusste ich bereits, was es
heißt ein Arbeiter zu sein.
Ich bummelte langsam, denn Zeit hatte ich ja, von der
Werkstatt zum Bahnhof, wo ich dann auf den Abendzug um 20 Uhr ins Ybbstal warten musste.
Hier konnte ich meinen Gedanken und Träumen
nachhängen, Träume die für mich in meiner Situation, in der ich mich befand, unerreichbar waren z.B.
von Reisen in ferne Länder, Abenteuer erleben, gut

und reichlich essen, Mädchen und vielleicht eine Gefährtin fürs Leben. Dies alles ging mir durch den Kopf und es tat mir gut, es mir im Geiste vorzustellen.
Zunächst aber war die Realität, der Zimmererlehrbub, der einen Wochenlohn von 25,- alliierten Schilling verdiente und dafür 48 Stunden arbeiten musste. 25 Schilling waren so gut wie Nichts, denn für 5 Schilling bekam man gerade eine amerikanische Zigarette im Schleichhandel. (Österreichische Zigaretten gab es erst später) 15 Schilling gab ich zu Hause her und 10 Schilling behielt ich mir, aber ich war sowieso bescheiden. Fast jeden Abend leistete ich mir im Gasthaus FRANK, in Waidhofen, eine Semmel und einen heißen Tee mit Rum um siebzig Groschen. Rauchen, obwohl es fast Alle taten, leistete ich mir erst später. So pendelte ich eben Tag für Tag morgens zur Arbeit und Abends nach Hause. Im Winter mit dem Zug und im Sommer mit dem alten, aus alten Fahrradteilen selbst gebauten, und zusammengestellten Rad.
Einmal in der Woche, am Mittwoch, ging ich mit den anderen Lehrlingen in die Berufsschule. Hier musste ich gleich erfahren, wie es ist, wenn man in der Pflichtschule zu wenig gelernt hat. Meine mangelnden Deutschkenntnisse waren rasch entdeckt und natürlich, wie könnte es anders sein, war ich das Gespött meiner Mitschüler. Ich schämte mich sehr und nahm mir vor, mich rasch zu verbessern. In anderen Fächern jedoch, wie Fachzeichnen oder Geografie war ich gut, besser als meine Klassenkameraden. Es gelang mir sogar, mich auch in Deutsch soweit zu

verbessern, sodass ich nicht mehr auffiel. In der Arbeit musste ich einmal da und einmal dort mithelfen. Wir richteten in der Werkstatt immer alles vor, um dann anschließend mit dem Schubkarren oder einen Handziehwagen das vorgefertigte Holz zur Baustelle zu bringen. Die „Baustelle", das waren verschiedene Kunden, die etwas ausbessern ließen. Den Transport des Holzes mit dem Schubkarren mussten hauptsächlich wir Lehrlinge übernehmen. Wir nannten diese Tätigkeit bei den Kunden, die STEHR. Wir machten praktisch alles. Unsere Arbeit war sehr vielfältig, angefangen über Fußböden, Wandverkleidungen, Fenster und Türen mit Stöcke, Treppenaufgänge, Stiegen und Wendeltreppen. Auch Holzschuppen, Dachstühle jeder Art, Gartenzäune, Schweinestalljungen, Wehrbauten in der Ybbs, ja sogar die Reparatur von Kirchenbänken und morschen Böden wurde von uns gemacht. Die Reparatur einer Klopfstange, sowie eines Blumentroges gehörte ebenfalls zur Zimmererarbeit. Ich sah und lernte viel in meiner Lehrzeit.

Die liebste Arbeit, obwohl die schwerste, war uns die Arbeit bei den Bauerngehöften. Das Bauholz, das vom Ochsengespann mit vier Zugtieren zum Bauplatz gebracht wurde, ist das das schwerste, was es im Zimmermannsgewerbe gibt. Einen Heustadel, oder eine große Tenne aufzurichten, erfordert Geschick, Kraft und Können. Die oft sechs Meter langen Vierkanthölzer auf eine Höhe von neun bis zwölf Meter hochzuhieven und zu montieren ist eine Meisterleistung fachwerklicher Handwerkskunst. Heute wird alles mit Maschinen und Hebekränen hergestellt.

Aber die Stehr bei den Bauern war uns, trotz der Schwerstarbeit, die liebste und zwar des Essens wegen. Wir bekamen die so genannte Kost, also wir wurden essensmäßig vom Bauern versorgt. Dafür mussten wir allerdings von 6 Uhr bis 18 Uhr arbeiten. Doch das taten wir gerne, denn bei den Bauernküchen gab es Sachen, die wir schon seit vielen Monaten nicht mehr gesehen hatten.

Die Bäuerin sah uns Buben und schlug ihre Hände zusammen und meinte „ Ja Buam, wia schaut's denn aus, gaunz verhungert". Sie kochte uns daraufhin kräftige Bauernkost und ließ uns auch zwischendurch so manchen Happen vom Essen zukommen.

Es vergingen die warmen Spätsommertage und morgens lag schon der Frost in Form von Reif auf dem Holz, die Finger waren schon steif und klamm und die Nase begann zu tröpfeln.

Es war ein warmer Spätherbsttag im November, wir hatten gerade Mittagszeit gehalten und diese war schon überzogen, doch wir saßen müde auf unserem Bauholz in der warmen Sonne. Da kam der Baumeister auf seinem alten Fahrrad. Er begrüßte uns und gab dem Altgesellen (Vorarbeiter) die Hand und erinnerte ihn, dass die Mittagszeit schon vorbei wäre. Worauf sich der Mann entschuldigte und meinte, dass die Leute halt so müde sind, das macht der Mangel an Kost. Der Baumeister sah uns eine Weile an, wie wir in unserer geflickten Arbeitskleidung, die uns am Leib schlotterte, dastanden und meinte dann, mehr zu sich selbst „ Ich würd' euch gerne wos geben, aber ich hab selbst heute noch nichts gegessen". Dann bestieg er sein Fahrrad mit den Worten „Probiert's es halt wieder".

Der Herbst 1947 ging zu Ende und es kam wieder der strenge Winter im Ybbstal. Ich spürte zum ersten Mal in meinem Leben, wie es ist, im Winter als Zimmermann im Freien zu arbeiten. Mit steifen Fingern und kalten Füßen das nasse kalte Holz aus den Schneehaufen zu holen und dann zu verarbeiten. Es war eine bittere Erfahrung, die ich noch oft in meinem Berufsleben machen musste.
Von der schweren Arbeit wurde ich abgehärtet, wurde breitschultrig, meine schönen schlanken Hände, die als Kind bei mir alle bewundert hatten, wurde derbe Arbeiterhände und es stellte sich langsam die Kraft ein, ich ich für diesen Beruf brauchte.

Die Eintönigkeit und der ständige gleiche Lebensrhythmus, ließen mir die Zeit recht langsam vergehen. Am Jahresende 1947 hatten wir uns an das Vorhandensein der Russen gewöhnt, die Österreichische Bundesregierung kämpfte sich so recht und schlecht dahin, die Lebensmittelkarten hatten noch immer Bestand und der Schleichhandel blühte.
Weihnachten war vorüber und es herrschte klirrende Kälte, trotzdem musste gearbeitet werden, eine

Schlechtwetterentschädigung gab es noch nicht.
Wir arbeiteten an der Ybbs in Waidhofen an einem
Wehrbau, denn im Winter gibt es Niederwasser und
da müssen diese Arbeiten verrichtet werden.
Eines Tages besuchte uns der Betriebsrat und erkundigte sich nach unserem Befinden. Es fiel mir auf,
mit welchem Respekt dieser Mann von den Kollegen
behandelt wurde. Wenn er sprach las man seine Worte förmlich von seinen Lippen ab. Als er mit seiner
Arbeit fertig war, kam er zu mir und nahm mich beiseite, redete gut mit mir, fragte mich wie es mir gehe
und ob ich zufrieden wäre. Im Zuge des Gesprächs
fragte er mich auch, ob ich Mitglied des Österreichischen Gewerkschaftsbundes werden wollte. Ich bejahte dies und wurde so schon in ganz jungen Jahren
ein Mitglied dieser großen und wichtigen Organisation. Ich habe diesen Schritt nie bereut und er brachte
mir in meinem Leben große Vorteile.

Waidhofen war für mich in der damaligen Zeit und
nach Arbeitsschluss, die große Welt. Ich liebte es,
am oberen Stadtplatz zu spazieren, mir die Auslagen
der Geschäfte anzusehen, den Mädchen große Augen
zu machen, die mich allerdings in meiner ärmlichen
geflickten Kleidung nur auslachten.
Ich hatte nämlich eine sogenannte Tarnhose aus
Zeltplane an, die ursprünglich für die Deutsche
Wehrmacht geschneidert wurde. Ich trug sie deshalb,
weil sie sehr haltbar und strapazierfähig war. Dazu
noch einen gekürzten und ziemlich abgetragenen

Hubertusmantel als Überrock und eine Pudelmütze aus Schafwolle, sehr warm, aber keinesfalls attraktiv. Auch meine schweren Arbeitsschuhe, die an ihren Spitzen bereits eine gewisse Freizügigkeit erkennen ließen, machten meine Erscheinung nicht gerade gewinnender.

Trotz meines ärmlichen und hinterwäldlerischen Aussehens, freundete ich mich in Waidhofen mit Burschen und auch Mädchen an. Ich freute mich schon den ganzen Tag auf den Abend, die Zeit zwischen Arbeitsschluss und dem Abendzug, war die schönste des Tages.

Ich war weder groß, nicht hübsch, schon gar nicht gescheit und auch schlecht gekleidet und dennoch fand ich Kontakte mit Gleichaltrigen. Das Gasthaus FRANK war am Abend unser Jugendtreff. Der Kellner, der Zugleich der Besitzer war, räumte immer gleich die Brotkörbe weg, wenn er uns kommen sah, denn wenn er das nicht tat, war er im Handumdrehen sein Gebäck los, denn der Hunger war groß und die Verpflegung von uns Burschen zu wenig bei unserem Wachstum. Einen Tee mit Rum und eine Semmel leisteten wir uns jeden Tag, Würstel mit Senf und Kren nur bei besonderen Anlässen.

Da uns der Hunger bei den Augen herausschaute, kam Herr Frank mit einem Körberl alten harten Brot an unseren Tisch und sagte zu uns „ Müsst es halt aufweichen im Tee". Wir waren heilfroh über diese menschliche Geste von ihm. Auch seine Frau spendierte uns manchmal einen übergebliebenen Kartoffelschmarrn. Wenn wir kein Geld hatten, konnten wir auch aufschreiben lassen. Wenn ich dann am Freitag, nach Erhalt meiner Lehrlingsentschädigung zu Herrn Frank kam um meine Schulden zu bezahlen, sagte er oft zu mir „stecks ein bua, aber sag nix die Anderen".

Ich hatte in Waidhofen einen Berufsschuldfreund. Er ging in eine Frisörlehre und sein Name war Erich. Er war zum Interschied von mir ein schöner schwarzhariger Junge mit schlaner Gestalt. Wir wurden bei den Waidhofner Mädchen ein gutes Team. Er war der Blickfang und ich war der Beredende. Ich hatte die Gabe gut zu sprechen und konnte wunderbar erzählen, meine Geschichten blumig ausschmücken und hatte einen natürlichen Charm. So waren wir, trotz unserer tristen Jugend, oft in angenehmer Mädchengesellschaft.

Ich hatte auf Grund meines jugendlichen Alters und meiner schweren Tätigkeit die „Schwerstarbeiter – Lebensmittelkarte". Es gab nämlich drei verschieden farbige Karten, die für „Normalverbraucher", für „Schwerarbeiter" und eben meine blaue Karte für die jugendlichen Arbeiter.

Auf diese Lebensmittelkarte standen mir wöchentlich 2kg Brot, 20g Fett und ein halbes Kilo Fleisch zu.

Das bedruckte Papier der Lebensmittelkarte aber war geduldig, die zustehende Ware leider nicht vorhanden und wenn, dann nur in ganz winzigen Portionen. Da kam es vor, dass man zwar den Abschnitt hingab, aber nur 10 dkg Fleisch bekam, den Rest erst eine Woche später. Beim nächsten Einkauf musste man dann um sein Restliches streiten.

Einmal hatte ich mich beim Bäcker in die lange Reihe der anstehenden Menschen eingereiht und als ich endlich an die Reihe kam, gab es kein Brot mehr, es war aus. Am nächsten Tag hatte ich mehr Glück, ich bekam einen Leib Brot mit einem Kilo, noch ganz ofenfrisch. Ich verstaute ihm eiligst in meinem alten Wehrmachtsbrotsack, den ich immer bei mir trug und verdrückte mich schleunigst in den Schillerpark. Es war nämlich so, wenn Jemand etwas essbares hatte, und ein Anderer etwas davon haben wollte, musste man in der damaligen Zeit teilen. Daher versperrten auch die Menschen ihre Türen wenn gegessen wurde. Ich verkroch mich im Park hinter einem Strauch und begann mit einem Heißhunger mein warmes Brot zu essen. Ich nahm mir vor, nur ein Stück davon zu essen, denn in den kommenden Tagen brauchte ich ja auch noch davon, aber der Hunger war stärker als der Wille zu sparen, ich aß und aß bis der letzte Brotkrümmel gegessen war. Keiner kann sich vorstellen, wie Brot schmecken kann, wenn man hungrig ist. Die feinste Delikatesse kann nicht besser schmecken. Die Folge meiner Gier ließ nicht lange auf sich warten. Es wurde mir schlecht und dann musste ich mich mehrmals übergeben, denn der ausgehungerte Magen konnte diese Menge an Brot nicht verdauen.

Meine Lehre ging inzwischen weiter. Arbeiten, pendeln, wenig Freude, mürrische Gesellen, karge Freizeit und immer Hunger. Nie konnte man sich satt essen, ständig hatte man einen knurrenden Magen, schwielige Hände von der oft schweren Arbeit, hauptsächlich in den Wintermonaten. Auch war mir im Herbst und Winter immer kalt und der Schnupfen war bei mir ein Dauergast. Kaum war der Freitag da und die Wochenarbeit vorüber, musste zu Hause gearbeitet werden und am Sonntag nagten schon wieder die Gedanken, an die Schwierigkeiten der kommenden Woche. Wenn ich wochentags spät nach Hause kam und mich gewaschen und gegessen hatte, kroch ich hundemüde im Winter in mein kaltes Bett. Der vorgewärmte Mauerziegel, der in eine alte Decke eingeschlagen war, konnte das ausgefrorene Bett auch nicht wärmen, denn auch die Räume waren kalt. Es mangelte in dieser Zeit leider an allem, auch am Brennmaterial.

Ich hatte einen jungen Arbeitskollegen, das war der Franz, der war gut und freundlich zu mir. Mit ihm wollte ich dauernd auf die STER, aber das ging nicht, ich musste auch mit anderen Gesellen mitgehen. Da gab es einige Gesellen, die uns Buben Vorteile bei der Arbeit zeigten, andere wieder waren brummig und einige teilten sogar Ohrfeigen aus, obwohl das der Baumeister und der Betriebsrat verboten hatte. Aber sie waren ja nicht dabei und beschweren getrauten wir uns nicht.

Am Freitag, nach Dienstschluss, mussten wir immer mit unserem Werkstattbuch, das wir führen mussten, zum Baumeister ins Büro. In diesem Buch wurde alles aufgeschrieben, was wir in der abgelaufenen Woche gearbeitet und gelernt hatten. Auf dieses Buch legte der Baumeister großen Wert und er sah es sich auch immer genau durch.

Eines Freitags war ich wieder mit meinem Werkstattbuch beim Baumeister. Ich zog es aus meinem Brotsack, der mir als Umhängetasche diente, ein Erbstück der deutschen Wehrmacht, da fiel ein Buch von Karl May auf den Boden, das ich aus der städtischen Bücherei entliehen hatte. Sofort bückte sich der Baumeister, um es aufzuheben und anzusehen. Er sah mich über seine Brille an, wie er das immer tat und fragte „Ließt du das?" Als ich bejahte, schüttelte er den Kopf und sagte etwas bedenklich „ Du sollst doch etwas lernen Bua, net Büchl lesen". Ich ließ es mir jedoch nicht nehmen, ihm zu sagen, dass ich nur in meiner Freizeit lese. Darauf seine Entgegnung „ und do host nix andcres zu tuan?" Als ich ihm antwortete, dass lesen meine schönste Freizeitbeschäftigung wäre, schüttelte er den Kopf und sagte mehr zu sich, als zu mir „ i hob eh scho immer g'wust, dass du anders bist". Damit war ich für diesen Freitag entlassen. Meinen Lehrvertrag, den der Lohnbuchhalter ihm zur Unterschrift vorlegte, unterschrieb er, und damit war ich für die Dauer meiner Lehrzeit abgesichert.

Zu Hause sprach es sich herum, dass ich Zimmermann lerne. Da ergab sich so manches Arbeitsangebot für die Samstage im Pfusch. Ich machte kleinere Arbeiten und verdiente nebenbei etwas Geld oder bei Bauern auch ein bisschen Essen. Meine Lehre schritt zügig voran und ich kam mir schon recht erwachsen vor.

Eines Montags Abends fand zu Hause im Dorfwirtshaus eine Bauernhochzeit statt. Bauernhochzeiten waren immer montags und dauerten in der Regel bis zu drei Tag, je nach Zahlungskraft des Brautvaters. Arbeiter heirateten an Samstagen, um keine Arbeit zu versäumen, Bauern natürlich montags, denn sie sagten immer „Wir sind die freien Bauern", wir heiraten ,, wenn das Arbeitergesindel arbeiten muss. Die Einstellung der Bauern zu uns Arbeitern war zu der damaligen Zeit nicht sehr gut.
Wir Burschen hatten uns vorgenommen, an dieser Bauernhochzeit teilzunehmen. Auch ich zog mir mein bestes Hemd und meine Sonntagsweste an und so gingen wir gemeinsam zum Dorfwirt. Es war bereits 22 Uhr, die Tische bogen sich von Bierkrügen und gutem Essen, Dinge die wir schon lange Zeit nicht mehr gesehen und noch viel weniger genossen hatten. Da gab es Schweinebraten mit Sauerkraut, Würste, Schnitzel, Schweinshaxen, herrliche Backwaren, alles dies hatten sie von ihren Höfen mitgebracht, um der Ortsbevölkerung, die nicht viel hatte, zu zeigen, schaut her ihr Habenichts, wir die reichen Bauern, wir haben es.

Die Bauern und ihre Söhne soffen was das Zeug hielt und waren fast alle schon stockbetrunken. Ihre Frauen und Mädchen waren in bester Stimmung, als wir Ortsburschen auftauchten. So manches Frauenauge blickte gefällig auf uns, die wir sauber gewaschen und ordentlich gekleidet erschienen. Sie erhofften sich eine willkommene Abwechslung in ihrer Eintönigkeit, mit ihren, meist primitiven, Burschen und Männern. Die Musik spielte einen Tusch, als wir gemeinsam zum Brautpaar und zu deren Eltern gingen, um zu gratulieren. Der Kapellmeister rief in den Saal „Wir begrüßen die Ortsburschen". Der Brautvater, der mit seinen schweren silbernen Uhrgehänge und den Ringen an seinen feisten Fingern sagte „Lost's die Heislbuam zuwa, das sa sie a amoi anfressen kennan", werde ich nie vergessen.

Diese offensichtliche Beleidigung an die Habenichts, als die wir in den Augen der Bauern galten, war für mich wie ein Faustschlag ins Gesicht. Obwohl ich den allergrößten Appetit auf all die guten Speisen gehabt hätte, rührte ich davon nichts an, mit der Begründung, ich hätte schon gegessen.

Die Bauern, dass muss ich sagen, brüsteten sich immer und immer wieder, die freien und unabhängigen Bauern zu sein und sie prahlten immer mit ihrem Geld und ihrem Besitz.

Wir, die Arbeiter, waren für sie die Habenichts, das Ortsgesindel und die Parasiten, die sie als Bauern durchfüttern müssten.

Als aber Bundeskanzler Kreisky, in den sechziger Jahren, die Bauernrente in Österreich einführte, hörte man nichts mehr von den freien Bauern. Jeder nahm aus dem allgemeinen Topf der Sozialversicherung, der ja bekannter Weise zu seinem Hauptteil aus der Lohnsteuer gespeist wird. Also auch aus Arbeitergeldern und die so bezeichneten Häuselbuben durften also auch fest für die Bauern, die ja keine Vordienstzeiten erworben hatten, beisteuern. Sie betrachteten sich weiter als die Herren und wir waren für sie eben nur die Knechte.

Das Dorfwirtshaus war in meiner Jugend jener Ort, wo sich die männliche Bevölkerung aller Altersklassen versammelte. Speziell am Samstag Abend war es gerammelt voll. In der geräumigen Gaststube gab es eine streng hierarchische Ordnung, die sich in der Tischeinteilung ausdrückte.

Da gab es einmal den Herrentisch gleich neben dem Kachelofen, der schönste und größte im Lokal. An diesem Tisch saßen nur der Doktor, der Bürgermeister, der Lehrer, der Pfarrer, der Bahnhofsvorstand und der Gendarmerieinspektor, sowie der Gutsbesitzer, wenn er sich einmal ins Gasthaus bemühte.

Einen zweiten großen Tisch gab es, das war der Bauerntisch. Hier wurde Karten gespielt, oft um hohe Geldbeträge, besonders dann, wenn einer einen Hengst oder einen Stier verkauft hatte.

Weiters gab es noch den Handwerker Tisch, hier saßen die kleinen Gewerbetreibenden, Geschäftsleute

und die selbständigen Handwerker.
Vor dem Fenster war ein Tisch, der den Burschen
gehörte. Hier saßen sie, der Stolz der Gemeine, um-
worben von den Männern, die ihre Töchter an den
Mann bringen wollten. Es waren die Orts- und Bau-
ernburschen ab 21 Jahre bis zur Verheiratung. Das
war streng geregelt, denn wer es wagte, sich unter
dem einundzwanzigsten Lebensjahr an diesem Tisch
zu setzen, wurde aus dem Gasthaus hinausgeprügelt.
Am äußersten Ende der Gaststube, gleich neben dem
zugigen Eingang, stand der letzte Tisch, der Buben-
tisch. An diesem versammelte sich die männliche
Jugend des Dorfes vom 14. bis zum 21. Lebensjahr.
In der kalten Diele, außerhalb der Gaststube, gab
es noch einen kleine einfachen Tisch, der den alten
mittellosen Männern vorbehalten war, die von der
Wirtin mit Essensresten und vom Wirt mit abgestan-
denem Bier kostenlos versorgt wurden. Dieser Tisch
hatte einen eigenen Namen, es war der „Fechter- oder
Bettler-Tisch".

Das Gasthaus in den Dörfern, war zu meiner Zeit
nicht nur Versammlungsort, es war auch Diskutier-
stube und Kommunikationszentrum. Hier wurde Politik gemacht, Geschäfte abgeschlossen, Ehen gestiftet,
Ortsfunktionäre vorgeschlagen und leider oft auch
Menschen grundlos vorverurteilt.

Die Gaststuben waren aber auch Saufbuden, der Ort
von Zwist und Raufereien, von Messerattacken und

Prügelorgien, wo nach Ende der Exzesse der Glaser und der Tischler ausrücken mussten, um die entstanden Schäden wieder zu beheben. Ich mochte die Gasthausatmosphäre nie, aber man musste dabei sein, um nicht von der Gemeinschaft ausgeschlossen zu sein. Wir Buben saßen an unserem Tisch und steckten die Köpfe zusammen und wälzten Probleme über Arbeit und die Mädchen und schmiedeten Pläne für unsere Zukunft. Laut sprechen durften wir nicht, sonst wurden wir vom Wirt oder irgend einem älteren Burschen mit den Worten „Bua lern erst was, dann kaunst reden", zurechtgewiesen.

Wir tranken still unser Bier oder unser Kracherl (Limonade), Bier und Wein zu trinken erlaubten sie uns in kleinen Mengen. Rauchen durften wir nicht, das war nur den Männern vorbehalten.

So verbrachten wir eben unsere Samstag Abende mit den althergebrachten Gewohnheiten, mit ein wenig Gedankenaustausch und mit der Gewissheit, eines ziemlich eintönigen und stumpfsinnigen Daseins.

Der Winter 1948 im Alpenvorland war streng, minus 20 Grad waren keine Seltenheit und der Schnee lag so hoch, dass von den vorbeifahrenden Holzfuhrwerken, nur die Köpfe der Pferde sichtbar waren. Im Zug waren die Wagenfenster mit Bretter verschlagen, da es kein Glas zum einschneiden der Scheiben gab. Die Heizungen waren, aus Ersparnisgründen, abgeschaltet. Glühbirnen fehlten, da es keine gab und daher war der Zug finster und kalt. Es war auch stickig und, wegen der Russen und der Plünderer, gefährlich. In den Zügen wurden nämlich, zu dieser Zeit, Menschen wegen geringfügiger Beute oder auch wegen Meinungsverschiedenheiten attackiert, ausgeraubt, zusammengeschlagen oder oft sogar erschossen. Nicht nur die Russen waren bewaffnet, auch die Schleichhändler und andere Kriminelle besaßen eine Waffe. Dazu kam die blinde aufgestaute Wut der ehemaligen Frontkämpfer, die inzwischen zu Hause waren und rot sahen, wenn sie nur irgendwo die lehmbraune Uniform eines russischen Soldaten auftauchen sahen. Nur mit Mühe beherrschten sie sich. Manche aber, wenn Raufereien oder sonstige Auseinandersetzungen entstanden, zogen wortlos ihre Messer und so mancher harte Stahl fuhr zwischen die Rippen eines Unschuldigen.

Dabei vergaßen sie, dass die russischen Soldaten, genau solche Opfer des unsinnigen Krieges waren, wie die verbitterten ehemaligen Frontkämpfer. Fand man dann nach Tagen einen toten russischen Soldaten, gab es harte Repressalien der russischen Kommandantur.

Die Schuldigen aber wurden äußerst selten erwischt. Die Russen aber forderten auch oft die Rache der Zivilbevölkerung heraus. Im Zug waren zum Beispiel Frauen und Mädchen ohne männliche Begleitung, den Russen als „Freiwild" ausgesetzt. Männer, die oft auf ehrliche Weise helfen wollten, wurden von den Russen brutal zusammengeschlagen. Das wiederum sahen die ehemaligen Frontkämpfer und als kampferprobte Männer, wussten sie, wie es gemacht wird. Sie verloren oft nicht viele Worte und ermordeten ihre vermeintlichen Feinde.

Im Winter 1948 lag der Schnee im Ybbstal so hoch, dass eines Morgens der Fensterrand komplett verdeckt war und wir mussten uns erst freischaufeln. Auch die Bahn war für einige Tage eingestellt. Trotz dieser Schneemengen ging die Arbeit weiter. Wir heizten in der Werkstatt den riesigen Ofen mit Hobelspänen, dann wurde das Holz aus dem Schnee ausgegraben, vom Eis befreit und in die Werkstatt geschafft, wo die Gesellen schon darauf warteten. Die Hände von uns Buben waren, trotz der Fäustlinge, rot vor Kälte. Auch den schweren Handschlitten mussten wir mit Holz beladen und zu den Bauplätzen schieben und ziehen und keiner fragte, wie wir das mit unseren ausgehungerten Körpern schafften.

Einmal blieb ich an einer Steigung stecken, es ging nicht mehr weiter, ich hatte einfach die Kraft nicht mehr, den Schlitten weiter zu bewegen. Einige Männer sahen das und halfen mir, die Steigung zu überwinden. Als wir oben waren, meinte der Eine „Wie kann man einen so schwachen Buben eine solche Arbeit zumuten".
Aber auch diese Zeit meines Lebens ging zu ende, ab

Herbst 1948 begann ich mein zweites Lehrjahr.

Tradition war im Zimmermannsgewerbe groß geschrieben. Am 21. März, dem Namenstag des Heiligen Josefs, dem Schutzpatron der Zimmerleute, ruhte die Arbeit. Auch 1949 war der „JOSEFITAG" gekommen. Der Winter ging zu Ende, der Schnee schmolz an den Sonnenhängen, die Schneerosen steckten schon ihre Köpfchen zwischen den abgefallenen Blättern und Baumwurzeln hervor und die Sonne schien recht warm und angenehm.

Schon am Morgen gingen aus den ganzen umliegenden Dörfern die Zimmerleute, am oberen Stadtplatz in Waidhofen in die Stadtpfarrkirche zur Frühmesse. Damals gab es noch so viele von uns Zimmerleuten, dass die halbe Stadtpfarrkirche gefüllt war. Alle waren angetan mit festlicher Kleidung und der Pfarrer hielt eine Predigt, die hauptsächlich auf unser Handwerk ausgerichtet war.

Nach Ende des Gottesdienstes ging es geschlossen in ein Gasthaus, wo der Wirt schon den Saal für uns geschmückt hatte. Die Tische waren zu Tafeln zusammengeschoben und festlich gedeckt wurden sie uns präsentiert. Als Auftakt wurde ein Fass Bier angeschlagen und es folgten einige Festreden, denn der Innungsmeister war ebenfalls anwesend.
Der nächste Programmpunkt war die „Freisprache" der ausgelernten Lehrlinge, die bereits ihre Gesellen-

prüfung abgelegt hatten.

Die frisch gebackenen Gesellen mussten, zum Gaudium der Anwesenden, erst ein Fass Bier bezahlen, es selbst, unter der Aufsicht des Wirtes,anschlagen, wo sie einmal kräftigst angespritzt wurden. Dann mussten sie auf einen Bein stehend einen Doppelliter Bier austrinken und als Abschluss eine Virginia (Zigarre) rauchen.

Wenn sich der Eine oder Andere übergeben musste, war das natürlich für diese alten primitiven Teppen ein heiden Spass.

Bis zum Abend folgte dann ein urwüchsiges Besäufnis, wobei die Gesellen auch mit uns Buben ihre derben Späße trieben.

Da wir keinen Alkohol vertrugen und auch nicht die nötige kulinarische Unterlagen im Magen hatten, waren wir auch ziemlich rasch betrunken.

Diese dummen Männer lachten darüber und obwohl sie verpflichtet gewesen wären, uns Buben zu schützen, trieben sie ihre Späße so weit, dass sie uns heimlich Schnaps ins Bier schütteten. Die Wirkung war enorm, ich ging wankenden Schrittes zum Pissoir, um mich zu erleichtern. Plötzlich begann sich der ganze Raum zu drehen, schneller immer schneller, wie ein Karussell, dann verlor ich das Bewusstsein. Ich landete, nachdem meine Wange an der Wand bremste, der vollen Länge nach am urinverschmutzten Boden des Pissoirs. Da ich nichts von mir wusste, musste man mich erst laben und langsam wieder ins Leben zurückholen. Ich war sinnlos betrunken, blutete von

Wange, Ohr und Nase, hatte mich erbrochen und meine Kleidung und Haare rochen wie von einer, im Urin getränkten, Schabe. Das war das Ergebnis der Späße dieser alten Idioten, die sie mit uns Buben trieben. Ich werde den Tag meines ersten Rausches nie vergessen, denn zu all meinen Plessuren und dem übel sein, hatte ich auch noch drei Tage einen Brummschädel und zwei Wochen nachher noch ein zerschlagenes Gesicht.

Der Festzug der Zimmerleute am Pfingstsonntag 1949 in Waidhofen an der Ybbs, Niederösterreich

*Der Festzug der Zimmerleute am Pfingstsonntag 1949
in Waidhofen an der Ybbs, Niederösterreich*

Hohn und Spott bekam ich noch als Draufgabe von
der Dorfjugend. Meine Pflegemutter war über mein
Aussehen entsetzt . Meine Kleidung musste gewaschen werden und ich gründlich gereinigt, denn mein
anhaftender Geruch war entsetzlich.

Mein Freund Leo war der Einzige, der mich nicht aus-
lachte, im Gegenteil, er tröstete mich, doch ich musste ihm mit Handschlag versprechen, nie wieder so viel
zu trinken, dass ich die Kontrolle über meinen Körper
verlieren könnte.

Ich muss sagen, das ist mir in den folgenden Jahren
auch gelungen. Obwohl ich oft unter Bauarbeitern

zum Trinken verführt wurde, hielt ich mich doch standhaft an mein Versprechen, das ich einst Leo gegeben habe.

DER FESTZUG AM PFINGSTSONNTAG

Bekleidet mit weißen Hemden, dunklen Hosen und Lederschurz, in den Händen die schweren Werkzeuge, so marschierten wir Zimmerer am Pfingstsonntag in einem Festzug durch Waidhofen.
Die Menschen bestaunten die stämmigen Burschen, ihre Aufmachung, den bestens geordneten Festzug, die Fahnen, die mitgetragenen Urkunden und Schilder und die Zunftlade. Die Zunftlade stammt aus der Zeit des Mittelalters, wo es keine soziale Absicherung für verunglückte Berufskollegen gab. Aus dieser Zunftlade erhielten nicht nur Verunglückte Geld, sondern auch Witwen und Waisen von zu Tode gekommenen Kollegen. Die Zunftlade wurde durch finanzielle Beiträge der Zunftkollegenschaft gespeist.
Dieser Festzug in Waidhofen war, ganz ohne Zweifel, ein Höhepunkt meiner Lehrzeit.

Der Tag war sonnig und der Ablauf bestens. Erst war der Festzug, dann der Kirchgang, anschließend das Festessen mit Schweinebraten und als Abschluss Tanz – ein gelungenes Fest.

Die Stellung eines Zimmermanns

in der frühen Nachkriegszeit

Es war eine sehr schwere manuelle Arbeit, um nicht zu sagen eine Schinderei. Doch auf der anderen Seite war ein gewisses Ansehen in der Gesellschaft der Kommunen und auch im Kreise der Angehörigen des Baugewerbes.

Ein Zimmermann musste sein Handwerk beherrschen, er musste im Stande sein, jede Dachkonstruktion ordnungsgemäß vorzufertigen und zu montieren. Er musste in der damaligen Zeit auch etwas vom Wagenbau (Wagner) verstehen, sowie von der Faßbinderei und auch tischlern musste er können z.B. Fenster, Türen, Fußböden, Lamperien usw.
Der Zimmermann musste in schwindelnder Höhe auf Kirchendächer und Turmspitzen um das Turmkreuz in die Lage zu bringen, dass es montiert werden konnte. Er musste Blockhäuser bauen, Mühlräder und Holzwasserleitungen herstellen, Wehrbauten mit Unterwasserpiloten montieren und verfestigen, im Gebirge Lawinenrampen und Verbauungen in oft unzugänglichen Gelände aufstellen. Ein Schweinestall oder ein Holzschuppen musste genauso präzise ausgeführt werden, wie eine Holzlatrine.
Er musste am Bau Holzschalungen fertigen und musste im Stande sein, einen Plan zu lesen und er muss-

te vor allem improvisieren können. Wenn oft andere Bauarbeiter keine passende Lösung für eine schwierige Arbeit fanden, musste der Zimmermann her.

Gerüste, Pölzungen, schwere Bauteile in schwindelnde Höhen hieven, alles das musste der Zimmermann beherrschen. Geld gab es für all das relativ wenig, denn der Kollektivvertrag für Holzarbeiter lag in der damaligen Zeit im Argen. Es gab keine Schlechtwetterregelung, gearbeitet wurde bei jeder Witterung. Lohnfortzahlungen im Krankenstand gab es keine, nur Krankengeld und die ersten drei Tage des Krankenstandes gab es nichts bezahlt. Zwei Wochen Urlaub im Jahr bei 48 Wochenstunden und ein geringes Weihnachtsgeld.

Forderungen getraute sich niemand zu stellen, aus Angst, seinen Arbeitsplatz zu verlieren. Überstunden, die ständig anfielen, wurden nicht bezahlt. Der Hunger war unser ständiger Begleiter und wir hatten auch Mangel an Kleidung und Schuhwerk. In der kargen Freizeit wurde geschlafen, man ging zur Kirche oder ins Gasthaus und am Montag ging es wieder weiter. Das war das Arbeiterleben in der Nachkriegszeit.

Ich konnte wenigstens mit Gleichaltrigen Radtouren und Wanderungen in die Berge machen. Es war eine triste Zeit, die außer Sorgen, Arbeit und Entbehrungen, wenig Freude und Höhepunkte aufzuweisen hatte.

Der Frühling 1949 war schön und warm, daher viel mir das zeitige Aufstehen nicht so schwer. Ich fuhr mit dem Zug oder dem Fahrrad zur Arbeit und sag dabei gut gelaunt und unbeschwert, wie die Jugend es eben den jungen Gemütern beschert, die neuesten Lieder, die damals im Radio zu hören waren z.b. die „Capri-Fischer, oder die Herz-Schmerz-Polka".

Bei den Radtouren mit gleichaltrigen Freunden wurde unser Radius größer und größer und wir beschlossen daher, in unserem jugendlichen Tatendrang, einen Ausflug in die Amerikanische Zone, nach Oberösterreich zu wagen. Identitätsausweise in vier Sprachen hatten wir alle, so konnte dem Abenteuer „Zonenwechsel" nichts mehr im Wege stehen. Wir wollten einmal ausbrechen aus unserer Enge der Russischen Zone.

Weyer im Ennstal sollte es werden, wo wir hin wollten und wir waren alle schon sehr gespannt. Wir fuhren über Waidhofen nach Gaflenz zur Zonengrenze. Mit etwas gemischten Gefühlen kamen wir über die Schotterstraße um Grenzbalken. Wir waren recht freundlich zum „Schlusche-Dowarisch" und begrüßten ihn auf russisch. Er und sein Kollege sahen uns recht eindringlich an und Einer von ihnen fragte uns auf Deutsch, wo wir denn hin wollten. Wahrheitsgetreu sagten wir, dass wir nach Weyer wollten, weil wir neugierig wären. Da lachten Beide und verlangten unsere Identitätsausweise, die sie sehr genau prüften, ob alle vier Stempel vorhanden wären (Englisch-Französisch-USA-Russisch). Dann schärften sie uns, in etwas väterlicher Art ein, uns ja auf nichts einzulassen, vor allem auf keine Spionage. Man muss nämlich wissen, 1949 befanden sich Russland und die Alliierten im „Kalten Krieg". Keiner traute dem Anderen, die amerikanische Zone war für die gemeinen russischen Soldaten der totale Imperialismus, um nicht zu sagen Feindesland.

Sie stellten uns Tagespassierscheine aus, verpflichteten uns, ja spätestens 20 Uhr wieder zurück zu sein, öffneten den Grenzbalken und entließen uns noch mit einem Schulterklopfen, nachdem wir uns auf russisch bedankt hatten.

Zögernden Schrittes schoben wir unsere Fahrräder zum amerikanischen Grenzbalken. Zum ersten Mal in unserem jungen Leben sahen wir das Sternenbanner und die Grenzwache. Wir machten wahrscheinlich ziemlich dumme Gesichter, denn die AMIS lachten und begrüßten uns mit „Hello Boy's". Sie waren groß, schlank und gut gekleidet mit ihren Braunen Uniformen und Krawatten. Ihre Haltung war lässig, sie waren mit Pistolen bewaffnet und hatten Ringe an den Fingern. Es war ein völlig anderes Bild, als wir von unseren russischen Besatzern gewohnt waren. Sie sahen nur kurz auf unsere Passierscheine und winkten uns lachend mit einem „WELCOME" durch. Beim Besteigen unserer Fahrräder kamen wir uns schon recht erfolgreich vor, denn wir waren in der amerikanischen Zone.

Nach kurzer Fahrt erreichten wir Weyer und stellten als erstes fest, dass die Menschen in Oberösterreich besser genährt und gekleidet waren und dass sie ein selbstsichereres Auftreten hatten. Wir staunten nicht wenig, als wir eine Konditorei sahen, die sogar Torten in ihrer Auslage hatte. Es gab Marktstände mit Obst, Gemüse, Kartoffel und sogar Orangen und Bananen, die ersten, die ich in meinem Leben sah. Beim Bäcker gab es Brot und beim Fleischer Wurst, wir trauten unseren Augen nicht, wir glaubten uns im Schlaraffenland.

Wir spazierten am Stadtplatz herum und bestaunten die vielen Dinge, die es hier zu kaufen gab und die bei uns Mangelware und teilweise überhaupt nicht vorhanden waren. Geld hatten wir keines, um uns etwas zu kaufen, aber beim Bäcker leisteten sich jeder uns eine frische Semmel.

Der Bäcker sah unsere ärmliche Kleidung und unser verschrecktes Auftreten und frage uns, woher wir denn kämen. Als wir ihm sagten, aus Niederösterreich, nickte er verständnisvoll, nahm einen Wecken Brot vom Regal, schnitt ihn mit dem Brotmesser entzwei und reichte uns die Hälfte mit den Worten „müsst es euch halt teilen".

Wir bedanken uns und begaben uns zu einer Bank, wo wir unser Brot und unsere Semmel rasch verdrückten.

Anschließend gingen wir weiter und schoben unsere alten Fahrräder neben uns her, als uns ein uniformierter farbiger Amerikaner entgegen kam. Wir kannten farbige Menschen nur von Bildern, fassten uns aber dennoch ein Herz und fragten ihn um Zigaretten, wobei wir das englische Wort für BITTE nicht vergaßen. Mit Gesten deuteten wir ihm an, dass wir rauchen wollten.

Er blieb stehen, sah uns erst sehr ernst und kritisch an, dann fragte auch er uns mit seinem amerikanischen Slang, von wo wir denn kämen. Obwohl wir kein Englisch sprachen, verstanden wir sofort seine Frage und sagten ihm auf Deutsch, aus Niederösterreich. Da lachte er und zeigte seine weiß-blitzenden Zähne. Mit einem WELCOME zog er eine angefangene Packung LUCKY STRIKE aus seiner Hosentasche und gab sie uns. Als wir uns überschwänglich bedankten, lachte er wieder und gab uns noch eine halbe Tafel Schokolade.

Schokolade gab es zwar bei uns auch keine, aber von den Russen bekamen wir manchmal welche.

Wir waren ganz begeistert von unserem Ausflug und nahmen uns vor, dieses Abenteuer bald zu wiederholen.

Doch nun mussten wir an die Heimfahrt denken. Wir fuhren wieder zurück nach Gaflenz, die Amis winkten uns lachend, mit den Worten „So long Boy's" durch und die Russen empfingen uns, erleichtert wie uns schien, wie eine Mutter, die ihr Kind empfängt, das zu spät nach Hause kommt. Sie nahmen uns die Passierscheine ab und als wir einen Russen eine amerikanische Zigarette zusteckten, begann sein Gesicht zu leuchten. Er steckte sie rasch, mit den Worten „Spasiba Dawei" ein.

Wir waren wieder zu Hause, doch das, was wir in Oberösterreich gesehen hatten, beschäftigte uns doch noch weiter, denn der Unterschied zu Niederösterreich war zu gravierend.
In den nächsten Monaten, aber vor allem in unserem Sommerurlaub, machten wir noch einige Radtouren. Wir kamen dabei nach St. Wolfgang, nach Salzburg und sogar bis Fusch am Großglockner mit unseren alten Fahrrädern.
Geschlafen wurde bei solchen Ausflügen im Heustadel der Bauern. Sie versorgten uns auch mit Essen und wenn wir ihnen sagten, wir kämen aus der Russenzone, gaben sie uns auch noch ein Stück Brot und einen Apfel mit auf den Weg.
Wir stellten dabei auch fest, dass die Bauern in Oberösterreich und Salzburg wesentlich mehr hatten als unsere Bauern in Niederösterreich.
Uns wurde klar, dass wir bei der Besetzung von Österreich die schlechteste Karte gezogen hatten.

Der schöne warme Sommer 1949, mit all seinen Annehmlichkeiten, ging vorüber und nach einem schönen Herbst kam wieder der kalte Winter, die schlechteste Zeit für uns Bauarbeiter.
Mir setzte diese Jahreszeit immer arg zu, ich war ständig erkältet, hatte immer Schnupfen, manchmal

auch Fieber und mir war immer kalt.
Zum Jahreswechsel gab es zu Hause im Gasthaus
ein Silvesterkränzchen und ein Turmblasen von der
Pfarrkirche. Zum Fasching gab es auch Bälle, einen
Faschingsumzug und einen Maskenball. Eine willkommene Abwechslung in unserem eintönigen Arbei-
terdasein.

Der Frühling 1950, ich befand mich nun im dritten
Lehrjahr, bracht für mich ein Änderung in meinem
Leben. Am 6. Juni legte ich meine Gesellenprüfung
ab, mit Ende Juni den Abschluss meiner Berufs-
schulzeit und mit Ende des Sommers war meine
Lehrzeit zu Ende.
Ich war nun Zimmermann, besiegelt mit dem Gesellenbrief. Die leidige Prozedur der Freisprechung blieb
mir erspart, da ich den kommenden „Josefitag" im
Jahre 1951 in meiner Lehrfirma nicht mehr erleb-
te. Ich wurde nämlich im Dezember 1950 gekündigt,
da meine Lehrzeit und die dreimonatige Behaltefrist
vorbei war. Als Grund nannte man mir Arbeitsman-
gel. Der wahre Grund jedoch bestand wohl in der
Tatsache, dass man wieder neue, billige Arbeitskräfte
haben wollte, und das waren die Lehrlinge.
Nun war ich kurz vor Weihnachten arbeitslos, das
deprimierte mich sehr, denn in der damaligen Zeit
war es eine Herabwürdigung des Ansehen, wenn man
keine Beschäftigung hatte. Angesehen waren nur jene
Menschen, die Geld, Besitz, Gewerbe oder wenigstens
feste Arbeitsplätze hatten. Scheelen Auges sah man

auf Taglöhner, Bauernknechte und Hilfskräfte, aber ganz unten in der Hierarchie des Ansehens bei der Dorfbevölkerung waren Arbeitslose, denn sie galten als untüchtige Versager. Ich war nun eingereiht in jene unterste Kategorie und überdachte daher meine Lebenssituation.

Nachdem ich die Monate Jänner und Februar 1951 dazu benutzt hatte, alle Zimmereien und Baufirmen der ganzen Umgebung bis Amstetten abzuklappern um nach Arbeit zu fragen, sank mein Unternehmungsgeist auf den Nullpunkt, denn überall gab es die selbe Antwort „Kein Bedarf" oder „Erst im Frühling". Manche sagten es sogar heraus „ Sie sind mir zu jung" oder zu unerfahren. Einer meinte „ wenn du im Juni kommst, kannst bei mir als Zimmermannshelfer arbeiten, aber nicht als Fachkraft, denn Zimmerleute habe ich genug.

Dieser Mann wollte offensichtlich einen ausgebildeten Facharbeiter, den er mit dem Hilfsarbeiterlohn abzuspeisen gedachte.

Nachdem ich auch in den BÖHLER-WERKEN nachgefragt hatte und abgewiesen wurde, war ich ziemlich ratlos. Im März ging ich zum Gemeindeamt und wollte mir für meine Arbeitsunterstützung einen Stempel holen, jedoch erklärte mir der Gemeindesekretär, dass er mir keinen Stempel geben könne, da er für mich eine Arbeit hätte.

Ich horchte auf – Arbeit – das wäre ja schön! Meine Freude wurde aber gleich gedämpft, es war die Arbeit als Hilfsarbeiter in einer Fabrik in Amstetten. Ich wandte ein, ich sei doch ein Zimmerer, ein Facharbeiter. Der Mann meinte darauf, wenn sie die Arbeit nicht annehmen wollen, bekommen sie auch keine Arbeitsunterstützung. Aus – Pasta, Vogel friss oder stirb, das wollte ich mir nicht gefallen lassen und fuhr tags darauf, mit meiner Stempelkarte zum Arbeitsamt nach Waidhofen.

Ich hatte die Nacht schlaflos verbracht. Ich war inzwischen 18 Jahre vorüber und konnte selbständig über mein Leben entscheiden. (1951 war man mit 18 Jahren kein Jugendlicher mehr, aber erst mit 21 Jahren großjährig)
Ich könnte doch auch in die Amerikanischen Zone, nach Oberösterreich, aber wohin dort? Nach Weyer? zu klein, nach Wels? Zu weit, nach Linz? Zu groß – aber Steyr, das wär's. Nicht zu weit und nicht zu groß.
So also nahm mein weiteres Leben seinen Lauf. Ich hatte mich gedanklich für Steyr entschieden und so fuhr ich zum Arbeitsamt nach Waidhofen. Dort traf ich auf einen netten Beamten, der im Krieg eine Hand verloren hatte. Er empfing mich freundlich und ich klagte im mein Leid und dass ich ziemlich niedergeschlagen war, aber das sah er ohnehin. Er sprach mir in väterlicher Weise Mut zu und ich trug ihm meinen Wunsch, nach Steyr zu gehen, vor.
Er überlegte eine Weile und meinte dann: Hör zu mein Junge, ich zahle dir deine Arbeitsunterstützung

bis zum heutigen Tag aus, obwohl du sie erst in vier Wochen bekommen solltest, weiters stelle ich dir einen Passierschein für Oberösterreich lautend „Auf Arbeitssuche" aus, der für zwei Wochen gültig ist. Nun Bub, mach deine Träume wahr, hinaus in dein junges Leben, das sie uns leider gestohlen haben, bemerkte er noch mit einem etwas abwesenden Blick und einem verbitterten Unterton.

Nachdem ich mich sehr herzlich bedankt hatte, verließ ich diesen freundlichen Mann und sah ihn nie mehr wieder.

Zu Hause gab es noch Streit und Tränen, wegen meines Planes weg zu gehen. Aber mein Entschluss stand unumstößlich fest, ich wollte mein weiteres Leben allein und in der Fremde versuchen.

Ich packte alles zusammen, auch mein Werkzeug. Abholen wollte ich es dann, wenn ich Arbeit und Quartier gefunden hatte. Doch zunächst ging es erst auf Arbeitssuche. Mein Rucksack war vollgepackt, mit allem was ich für die nächsten Tage brauchte und so machte ich mich morgens auf dem Weg zum Bahnhof.

Es war Mittwoch und Mittwoch war in Waidhofen Bauernmarkt. Daher standen auch die Bauern mit ihren Söhnen am Bahnhof, um auf den Zug nach Waidhofen zu warten. Als sie mich mit voll gepackten Rucksack sahen, grinsten sie ganz unverschämt und mit Schadenfreude und ihre Gedanken waren leicht zu erraten: „Wieder einer weg von den Häuselbuben".

48

Teil 2

DIE SELBSTÄNDIGKEIT

Es beschlich mich schon ein etwas mulmeliges Gefühl, als ich in Waidhofen am Hauptbahnhof den
Zug der Selztalbahn bestieg. Er hatte „Normalspur",
bisher war ich nur mit der Yppstalbahn gefahren, die
„Schamlspur" hatte.
So ganz allein dachte ich mir, so nur auf mich gestellt, mit meinem Rucksack, der für den Moment
meinen ganzen Besitz darstellte. Ein wenig geflickte
Wäsche und ein bisschen Proviant war alles, was
darin war, aber das Geld das ich vom Arbeitsamt bekommen hatte und der Passierschein,gewährten mir
ein wenig Sicherheit.
Ich fuhr zur Zonengrenze und weiter über Ternberg nach Steyr, wo ich um die Mittagszeit ankam.
Als ich aus dem Zug stieg, umfing mich das Gefühl
des Alleine Seins, das ich noch oft in meinem Leben
verspüren musste, ein Gefühl, das ich vorher noch
nicht gekannt hatte. Allein zu sein im Leben, obwohl
umgeben von Menschen, ist ein sehr beängstigendes
Gefühl, das aber dennoch stark macht.

Die meisten Menschen sind ja in der Regel in Familien, Freundeskreis und Bekannte eingebettet, aber
ganz allein, nur auf sich gestellt und das zwei Mona-

51

te nach dem achtzehnten Geburtstag, war für mich schon ein ganz neues Gefühl.

Ich nahm mir aber vor, mit starkem Willen und ein wenig Glück, die ganz neue Situation zu meistern.

Die Menschen um mich hatten es alle sehr eilig und verließen den Bahnhof. Ich stand bald allein mit meinem Rucksack vor dem Bahnhofsgebäude. Dem Bahnhof gegenüber sah ich eine Baustelle und eine kleine Firmentafel, zu der ich ging.
Ein Mann, mittleren Alters, schlichtete gerade Mauerziegel in eine Scheibtruhe. Ich grüßte und fragte ihn, ob er mir sagen könne, ob in seiner Firma noch Leute gebraucht würden. Er sah mich prüfend an und und fragte „brauchst eine Arbeit"? Und als ich bejahte, meinte er, „schau'st halt ins Büro". Ich ließ mir den Weg dorthin beschreiben, bedankte mich und ging in die angegebene Richtung. Es war nicht weit, es war ein ebenerdiges Haus mit einem Garten und auf dem Schild stand „BAUMEISTER UND HOLZARBEITEN"
Ich ging durch den Garten, öffnete die Türe und stand in einem Büro. Ein korpulenter Mann mit Brille, Mitte fünfzig, saß hinter einem Schreibtisch. Ich grüßte, stellte mich vor und fragte nach Arbeit.
Der Mann war der Baumeister selbst. Er sah mich einmal durchdringend an und verlangte dann meinen Gesellenbrief, den er sich eine Weile betrachtet. Dann bemerkte er, dass ich noch sehr jung sei und noch nicht lange ausgelernt und dass er mir den vollen Lohn nicht bezahlen könne. Wenn ich aber mit dem

Lohn eines Gehilfen einverstanden wäre, könnte er mich einstellen. Ich erklärte mich damit einverstanden und er lächelte in sich hinein. Seine Gedanken konnte ich mir vorstellen „ ein noch grüner Junge hinter den Ohren, bei dem geht das noch eine Zeit lang". Er gab mir einen Einstellungszettel und die Adresse der Baustelle und verpflichtete mich für den darauffolgenden Montag um sieben Uhr Morgens zur Arbeit zu erscheinen.

Als ich wieder auf der Straße stand, wurde es mir erst klar, ich hatte eine Arbeit und das gleich bei der ersten Firma, wo ich gefragt hatte. Ich konnte es erst gar nicht fassen, doch dann spannte sich mein Körper, die Energie der Jugend nahm von mir Besitz und ich sagte mir „ich werde es schaffen". Somit war der Grundstein zu meiner Selbständigkeit gelegt.

Der erste Schritt war nun getan, nun musste ich ein Quartier finden. Von meiner Pflegemutter hatte ich eine Adresse. Ein Bekannter, der früher in unserem Ort gelebt hatte sich aber nach Steyr verheiratet hatte und nun hier lebte. Seine Wohnung befand sich im Altstadtviertel, der sogenannten ENGE. Seine Frau, eine dickliche, grauhaarige und nicht sehr attraktive Frau, Mitte der Dreißig, mit starken Brillengläsern, öffnete mir die Türe. Sie empfing mich freundlich, ich stellte mich und fragte sie, ob sie für mich eine Unterkunft hätte. Sie hörte mir zu und ersuchte mich, abends wiederzukommen, wenn ihr Mann zu Hause sei. Ich sagte zu und ging.

In der Zwischenzeit ging ich in ein Gasthaus um ein Bier zu trinken und eine Kleinigkeit zu essen. Pünktlich, wie vereinbart, war ich am Abend wieder zur Stelle. Jetzt war auch der Mann zu Hause, ein großer, hagerer Mann, mit schütterem Haar und Brille, der sich gleich an meine Pflegemutter erinnerte und nach einem längeren Gespräch, wurden wir uns einig, dass ich bei ihnen schlafen und essen könne, auch die Wäsche wollte die Frau für mich waschen.

Gleich in der ersten Nacht schlief ich in meinem neuen Quartier und fuhr am darauffolgenden Tag nach Hause, um meine Sachen zu holen, damit ich am kommenden Montag, meine neue Arbeit antreten konnte.

So hatte es sich gefügt, dass ich mit achtzehn Jahren ein selbstständiger junger Mann geworden bin, der sein Leben ohne fremde Hilfe zu meistern versuchte. Ich verdiente zwar nicht sehr viel, aber ich war ja bescheiden und nicht verwöhnt. Daher ersparte ich mir in den folgenden Monaten auch ein wenig Geld für eine ansehnlichere Garderobe.

Ich war also nun in Steyr, im oberösterreichischen Traunviertel, in der Amerikanischen Zone. Steyr ist eine sehr schöne alte Stadt mit Geschichte und einem alten Stadtkern. Die Enns und die Steyr, diese beiden Flüsse treffen mitten im Stadtbereich aufeinander, das gibt Steyr ein besonderes Panorama. Oben am Hügel thront Schloss Lamberg, die alte Styria Burg, die an die Zeit erinnert, als Steyr noch die Hauptstadt der Steiermark war.

Auf der gegenüberliegenden Seite, am rechten Ennsufer, ebenfalls auf einem Hügel, die Steyrer-Werke, Stahlverarbeitung, Waffen und Traktoren Erzeugung. Dieses Werk hat seinen Ursprung in der ehemaligen WERNDL WAFFENFABRIK. Josef Werndl, der Erfinder des Repetiergewehres, ist der große Sohn von Steyr.

Im Süden, wie beschützend für die Stadt, erhebt sich der 800 Meter hohe Damberg, das Ausflugsziel der Stadtbewohner. Steyr hatte 1951 ca. dreißigtausend Einwohner und war eine schöne, ruhige, ja beschauliche Stadt, mit schönen Gaststätten, Kinos und einen schönen Ausflugshügel, den Tabor.

Ich fühlte mich in Steyr wohl, das für mich eine ganz andere Welt darbot, als unser winziges Dorf im Ybbstal. In meiner Freizeit ging ich oft ins Kino, wandern oder machte mit dem Postbus Schnuppertouren in die nähere Umgebung, wie z.B. nach Sirning, Kremsmünster oder nach Bad Hall.

Da ich immer ein Einzelgänger war, freundete ich mich nicht so leicht mit Gleichaltrigen an, doch das ein oder andere Mädchen war schon dabei.
Hier konnte ich mich, nach den Hungerjahren der Nachkriegszeit, endlich satt essen. Auch meine erste Banane aß ich in Steyr.

Der greise Staatskanzler Karl RENNER war verstorben, sein Nachfolger als Bundespräsident von Österreich, wurde der alte Schutzbund General Theodor KÖRNER. Die beiden Großparteien ÖVP und SPÖ bildeten nach wie vor eine Koalition. Die Besatzungszonen schienen fest zementier, die Lebensmittelkarten und die Schleichhändler verschwanden langsam und der Wiederaufbau war in vollem Gange. Das neue, das fünfzigste Jahrzehnt des zwanzigsten Jahrhunderts, war das Jahrzehnt des Aufbruchs in Österreich.

Ich arbeitete viel und fleißig bei meiner Firma, machte auch jede Menge Überstunden und verdiente mir so ein kleines Zubrot. Ich war einer Arbeitspartie zugeteilt, die hauptsächlich in alten Häusern schadhaft gewordene Fußböden austauschte. Wir verlegten sogenannte Blindböden, auf denen die Tischler die Parkettböden verlegen konnten. Diese Arbeit machten wir nicht nur in Steyr und Umgebung, sonder auch in Linz und Wels. Es war eine gute Arbeit und ich lernte dabei auch die größeren Städte von Oberösterreich kennen, wobei mich Linz besonders faszinierte.

Da wir abends immer viele Überstunden machten, blieb uns zwar wenig Zeit, um etwas von der Stadt anzusehen. Die wenige Zeit aber, die mir blieb, benützte ich vor dem Schlafengehen um einen Stadtbummel zu machen, während meine Kollegen lieber etwas trinken gingen. Ich lernte dabei so manches kennen, das ich bis dahin nicht gesehen hatte, zum

Beispiel das Nachtleben einer größeren Stadt.

Die Monate vergingen und die Arbeit mit den Fußböden hätte ruhig weitergehen können. Es gefiel mir, wenn wir mit den Lastwagen und dem Holz immer in andere Orte oder Städte fuhren. Leider aber fand diese Arbeit ein jähes Ende, Aufträge für Fußböden gab es vorläufig keine. Unsere Arbeitspartie zerfiel, jeder bekam eine andere Aufgabe zugeteilt. Mich schickte man in die Anstalt für Strafgefangene in der Nähe von Steyr. Dort sollte ein großer Lagerschuppen gebaut werden. Da diese Arbeit keiner wollte, bekam ich sie.

Man brachte mich mit dem Holzfuhrwerk in die Anstalt und als sich die schweren Gefängnistore hinter mir schlossen, beschlich mich ein komisches Gefühl. Ich wurde dem Gefängnisdirektor vorgestellt. Noch heute sehe ich ihn vor mir, ein Hüne von Gestalt, wie er massig hinter seinem Schreibtisch saß und mit einem Brieföffner spielte. Er trug eine Brille und hatte leicht angegraute Haare mit einer Stehfrisur. Er musterte mich und meinte „Sie sind also der Zimmermann" und als ich bejahte, fragte er weiter „können sie einen Plan lesen"? Als ich wiederum bejahte, meinte er „nun gut, sie werden also unseren Schuppen bauen und ein Strafgefangener wird ihnen dabei helfen. Sie bekommen Kost und Quartier und werden das Gelände nur zum Wochenende verlassen, ist das klar"? Ich nickte und er meinte „gut" und drückte auf einen Klingelknopf, worauf ein Gefängnisbediensteter

erschien. „Holen sie mir den Kärntner Zimmermann"
befahl er, worauf sich der Mann entfernte und nach
einer Weile mit einem Gefangen erschien. Dieser
Mann war mittelgroß, schlank, schwarzhaarig und
vielleicht dreißig Jahre alt. Er hatte ein gebräuntes
Gesicht, wie man es bei Menschen findet, die viel im
Freien arbeiten und dunkle stechende Augen. Mich
maß er mit einem eher geringschätzigen Blick. Der
Direktor sah uns beide an und bemerkte „So ihr Beiden, ihr werdet jetzt mit eurer Arbeit beginnen, der
Verwalter wird euch den Plan geben und euch zeigen,
wo der Lagerschuppen aufgestellt wird".

Wir gingen also in den großen Gefängnishof, entluden
zuerst den Holztransporter und begannen dann, uns
zu überlegen, wie wir die Arbeit am günstigsten beginnen könnten. Dabei stellte sich heraus, dass mein
Arbeitskollege mir im fachlichen Bereich, im Wissen
und den Arbeitsvorteilen überlegen war, er war ein aus-
gezeichneter Zimmermann. Wahrscheinlich hätte er den
Schuppen auch ohne mich, nur mit einem Helfer auch
fertig gebracht. Wir begannen also unser Werk.

Der Tagesablauf war von sieben Uhr Morgens bis
achtzehn Uhr Abends arbeiten, unterbrochen von
zwei Essenspausen. Mein Kollege musste das Essen
bei den Sträflichen einnehmen, ich aß mit dem Ge-
fängnispersonal. Ich wurde mit drei Mahlzeiten am
Tag gut verpflegt und schlief in einer Zelle mit weiß
bezogenen Bettlaken. Die vier Wochen, die ich in der

Strafanstalt verbrachte, ging es mir gut. Da unsere Arbeit, ohne Druck, zügig voranschritt, konnten wir auch in einem Monat Gerippe, Dachstuhl, Außenverschalung, Türen und Fenster, Böden und Zwischenwände bewerkstelligen. Von den Strafgefangenen sah ich nicht viel, die waren in einem anderen Hof, der mit einer hohen Mauer von unserem getrennt war. Als unsere Arbeit fast um war, fasste ich den Vorsatz, meinem Arbeitskollegen die Frage zu stellen, warum er eigentlich hier sei.

Er sah mich durchdringend an und antwortete „ich habe mir schon lange die Frage gestellt, warum du mich nicht danach fragst, doch das du so lange gewartet hast, spricht für dein Taktgefühl. Um es kurz heraus zu sagen, ich bin ein Totschläger, der seine junge Frau im Affekt mit einer Brotpfanne erschlagen hat. Dafür bekam ich zwölf Jahre, aber nächstes Jahr im Sommer werde ich wahrscheinlich entlassen. So, nun weißt du Bescheid. Du warst in den letzten vier Wochen ein guter Kollege, auch wenn du noch einiges lernen musst, aber du wirst deinen Weg machen. Gib nur acht, dass du nie in so ein Haus kommst, denn das, glaube mir, ist das Schlimmste, das einen Menschen widerfahren kann".

Die Arbeit in der Strafanstalt war getan und es ging zurück in die Firma. Dort eröffnete man mir, dass keine Arbeit für mich vorhanden wäre und sie mich kündigen müssen.

Es nahte der Herbst und ich dachte, hoffentlich finde ich noch Arbeit. Aber ich hatte Glück, eine Kistentischerei am Ennskai suchte Arbeitskräfte für die Herstellung von Überseekisten für Traktore nach Australien.

Ich meldete mich und wurde genommen, sogar mit dem vollen Zimmererlohn. Wir fertigten Kisten im Akkord, wobei ein starker Druck zwischen den einzelnen Arbeitspartien aufgebaut wurde, Konkurrenzneid war groß geschrieben. In diesem harten Arbeitsklima konnte ich nicht bestehen, das merkte ich bald und blieb auch mit meiner Leistung hinter den Anderen zurück.

Der Hauptauftrag war in drei Monaten erfüllt, die Arbeit wurde weniger und vor Weihnachten mussten Einige gehen, ich war natürlich auch dabei.

Arbeit zu finden, war aussichtslos um diese Jahreszeit, so war ich schon wieder arbeitslos.

Ich hatte zwar etwas gespart, aber das Geld wurde trotzdem knapp, da alle Zahlungen weiterliefen, ich aber erst im Jänner mit Arbeitslosengeld rechnen konnte. Meine Lage begann sich wieder zu verschlechtern.

Weihnachten kam, in Steyr schmückte man den Stadtplatz und dann fiel Schnee, ca. einen Meter hoch. Ich ging zum Arbeitsamt, um einen Schein zum Schnee schaufeln zu ergattern, denn Schnee schaufeln brachte ein wenig Geld. Zu dieser Zeit war das eine begehrte Tätigkeit, besonders unter den Arbeitslosen.

Ich hatte Glück und wurde zur Nachtschicht eingeteilt, da gb es um Mitternacht heißen Tee und ein Paar Würstel. Außerdem hatten wir großen Spaß mit den Nachtschwärmern, die ihren Nach Hause Weg nicht fanden.

Der Schnee in Steyr war bei so vielen helfenden Händen natürlich bald weg geschaufelt und dann war wieder alles zu Ende.

In Steyr deprimierte mich die Arbeitslosigkeit nicht so stark als zu Hause, denn es waren Viele, die mein Schicksal teilten. Zu Hause musste man nicht für alles zahlen, hier jedoch musste man den Schilling zweimal umdrehen, bevor man ihm ausgab.

Ich machte ausgedehnte Spaziergänge in der Umgebung von Steyr, da war ich abends müde, meine Wanderungen kosteten nichts und ich war beschäftigt.

An Samstagen ging ich in ein Gasthaus in die Kirchengasse. So verging die Zeit des Faschings und es kam der Frühling. Ich ging wieder fleißig auf Arbeitssuche und fand tatsächlich eine. Ein Zimmermeister aus einer umliegenden Ortschaft, stellte mich ein.

Es war ein armer Zimmermeister, der seine Aufträge bei den Bauern ergatterte, die er zu Fuß aufsuchte. Er hatte nur einen Arbeiter, einen Zimmermann aus Ternberg, ein stämmigen Bauernsohn, Mitte zwanzig und nun auch mich. Unser Zimmermeister war ein liebenswerter schrulliger Fünfziger, der es allen Menschen recht machen wollte und so sah auch sein Betrieb aus. Einmal gab es kein Holz, einmal keine Nägel, dann wieder kein Geld, es war ein Jammer. Dabei konnte man ihm nicht böse sein, er war eben ein liebenswerter, heute würde man sagen, Caot.

Wenn er von den Bauern Geld bekam, beeilte er sich uns aufzusuchen und uns den Lohn direkt aus der Geldbörse zu zahlen. Es gab keinen Lohnzettel oder Lohnstreifen, wir wussten nicht, ob wir sozialversichert waren oder ob er Steuer zahlte. Wir wussten gar nichts und wenn wir ihn fragten, antwortete er nur „ ih moch des scho, Buam" und gab uns dann meist einen Zwanziger extra.

Wir arbeiteten ausnahmslos bei Bauern, bei denen wir die meiste Zeit zum Mittagessen eingeladen. Wir fabrizierten Schweinestallungen, Viehkrippen, Dachausbesserungen, Vorratsschuppen und Pferdestallungen. Unsere Arbeit war vielfältig und abwechslungsreich und da uns unser lieber Dienstgeber auch nicht drängte und das Arbeitstempo uns überließ und die Bauern uns verköstigten, hatten wir den ganzen Sommer über, ein recht angenehmes Arbeitsklima.

Leider ging es für mich mit Herbstbeginn zu Ende, die Auftragslage unseres Zimmermeister ließ keine zwei Gesellen zu und so verabschiedete er mich mit Bedauern und einem Handschlag, wobei er mir noch einen Hunderter extra schenkte, mit der Bemerkung „Ah Wengl ah Draufgob". Ich wertete es als Teilabgeltung des Weihnachtsgeldes.

Im Herbst 1952 war ich also wieder auf Arbeitssuche. Da ich aber keine als Zimmermann fand, nahm ich kurzfristig eine Arbeit als Gerüster an. Es war eine arge Schinderei und man war am Abend so müde, dass man nicht wusste, wo man seine müden Knochen hinbetten sollte.

Die Gerüstarbeit war nicht nur anstrengend und schmutzig, man erwartete von uns auch Hilfsarbeitertätigkeiten, wie Ziegel in die Stockwerke befördern, Mörtel mischen und Schutt wegschaffen. Ich machte trotzdem alles ohne murren, denn ich wusste, es gab keine andere Arbeit. Ende November wurde es sehr kalt und man reduzierte die Belegschaft. Ich wurde gekündigt und war wieder arbeitslos. Jedes Mal, wenn ich gekündigt wurde, war ich deprimiert, denn ich glaubte, dass ich unfähig sei.

Dieses Jahr hatte ich aber vorgesorgt. Ich hatte mir schon im Frühling eine Schachtel hergerichtet, zugeklebt und mit einem Schlitz versehen. Dort warf ich regelmäßig fünf Schillinge hinein. Die kleine Schachtel war schon schwer und nun war die Zeit gekommen, wo ich meinen Schatz anzuknabbern gedachte. Ich finanzierte mir aus meiner Schachtel meine Extras, auf die ich nicht verzichten wollte.

In der Zeit des Winters 1952 – 1953 war ich also wieder arbeitslos. Bei meinen Quartiergebern gab es Zwist und das Verhältnis war gespannt. Ich ging also auf Quartiersuche und landete in Münichholz. Münichholz liegt im Osten von Steyr, eine halbe Gehstunde von Stadtkern entfernt. Nach einigen Suchen fand ich dort in der großen Siedlung eine Familie, die ein Zimmer (Kabinett) vermietete.

Es war eine ganz liebe Familie mit Frau und Tochter, der Mann war Starkstrommonteur und arbeitete ständig auswärts, sein Betätigungsfeld war ganz Österreich.
Die beiden Frauen, Mutter und Tochter, fanden an mir sofort Gefallen und ich an Ihnen. Die Mutter war grauhaarig, um die fünzig Jahre , schlank, freundlich und kommunikativ. Die vierzehnjährige Tochter war zart und hatte große Kulleraugen, die mich immer so forschend ansahen.
Wir wurden uns einig, das Kabinett war geräumig und sonnig und lag im ersten Stock, mit Blick auf eine kleinen Pappelwald. Der Zugang war vom Vorzimmer, wo ich auch das Badezimmer mitbenützen konnte, also alles perfekt. Allerdings kostete das Zimmer 130,- Schillinge im Monat, das für mich einen argen finanziellen Aderlass darstellte. Aber, so dachte ich mir, ein gutes Zu Hause ist es schon wert, dass man sich anderswo einschränkte. So zog ich also im März 1953 nach Münichholz bei Steyr. Die Beengtheit der Steyrer Altstadt bleib zurück.

Im April fand ich auch wieder Arbeit als Zimmermann bei einer kleinen Baufirma, wo ich hauptsächlich nur Betonschalungen fabrizierte, aber auch bei Betonarbeiten mithalf. Bei dieser Firma gab es geordnete Verhältnisse und die Entlohnung in den üblichen Normen. Wir arbeiteten vorwiegend auf bei Neubauten, wo wir auch die notwendigen Holzgerüste selbst aufbauten. Diese Arbeit ging bis Ende September, dann überstellte man mich und einige Andere zu einem großen Wohnungsbau zur Ennsleite, wo es einen Polier gab, über den ich hier schreiben möchte.

Dieser Polier war ein korpulenter mittelgroßer Mann mit einer Glatze, sein Alter war ca. fünfzig Jahre, er hatte ein Gesicht wie eine Bulldogge und ein Organ wie ein Löwe. Dieser Mann war der Prototyp eines Menschenschinders, in der Gestalt eines Baupoliers. Bei der deutschen Wehrmacht war er Hauptfeldwebel gewesen und nun verwechselte er die Baustelle mit dem Kasernenhof. Er hatte tatsächliche eine Trillerpfeife an seinem Hals hängen und benützte sie jedes Mal, wenn nach seiner Meinung eine Unzulänglichkeit vorkam. Dazu brüllte er aus vollem Halse und stieß die wüstesten Beschimpfungen aus. Ausdrücke wie „faule Ärsche" oder „nichtsnutzige Bande" waren keine Seltenheit. Auch betonte er bei jeder Gelegenheit, dass für uns der Hitler hergehöre, der uns auf Vordermann bringen würde, wie er sich ausdrückte. An der Baracke, wo unsere Baustellenunterkunft war, hatte er ein Stück Eisenbahnschiene von 50cm Länge aufgehängt. Dort schlug er kräftig dagegen, wenn seine Uhr, die er in der Hand hielt, 12.30h anzeigte. Kamen nicht alle müden Arbeiter sofort und auf der Stelle aus der Baracke, um ihre Arbeit aufzunehmen, schrie er aus vollem Halse „ gemma, gemma, rasten könnt's am Friedhof". Das war unser Polier, am Ennsleitenbau in Steyr.

Ja, das Bauarbeiterleben anno 1953 war kein Honigschlecken, dab ei musste man froh sein, eine Arbeit zu haben.

Im November begann es wieder kalt und nass zu werden, die Unterkunftsbaracke war mangelhaft geheizt, die feuchte Arbeitskleidung vom Vortag, war am nächst.en Morgen noch immer feucht, Reif und Schnee am Arbeitsplatz und zu guter Letzt noch der brutale Polier. Es war wirklich nicht angenehm.

Gegessen wurde meist kalt, ein Stück dürre Wurst und eine dicke Scheibe Brot zu einem Bier, konnte schon ein Festmal für einen Bauarbeiter sein, denn auf der Baustelle bestand keine Möglichkeit, sich etwas zu wärmen.

Reinigen konnten wir uns mit kaltem Wasser aus der Tonne oder in Mörtelkübeln. Unsere Notdurft verrichteten wir in der offenen Latrine, wo einer neben dem anderen auf einem Querbalken saß und den Gestank des anderen einatmen durfte. Die Arbeitszeit ging von 7h morgens bis 18h abends, mit der Unterbrechung von zwei Essenspausen. Überstunden waren selbstverständlich, natürlich ohne Überstundenzulage und Schlechtwetterregelung war noch ein Fremdwort zu dieser Zeit. So sah unser Alltag aus, der bewältigt werden musste.

Aber das Leben ging weiter, nicht nur in unserem kleinen Bereich, auch in Österreich. Die Besatzungsmächte hatten sich mehr und mehr zurückgezogen, sie genossen dir Soldatenleben. In Steyr traten die Amis, wie wir sie nannten, nur auf der Straße bei Einkaufen und in ihrem Kasinos in Erscheinung. Das Amerika-Center, wie sie ihr Kasino nannten, war auch für die Zivilbevölkerung zugänglich. Dort spielte man Glen Miller zum Tanz und ich riss die Augen auf, wenn die Trompeter bei „In the Mooth" mit ihren weißen Smoking in einer Reihe aufstanden und ihre Instrumente erklingen ließen. Das Kasino war meist Samstag von 15h bis 20h für das Publikum geöffnet und wir gingen natürlich hin, denn der Eintritt war frei und die Coca Cola, die es gab, war nicht so teuer. Das Kasino war natürlich in der Hauptsache für das Militär, dass sie aber die Zivilbevölkerung ebenfalls teilnehmen ließen, diente zur Völkerverständigung und um die Amerikanische Kultur den Europäern näher zu bringen.

In der Politik bemühte man sich in Deutschland genauso wie in Österreich um einen Staatsvertrag, dessen Verhandlungen aber meistens am harten „Njet" der Russen scheiterten.

Die Österreichischen Großparteien ÖVP und SPÖ, die in den Notzeiten der e Nachkriegsjahre wacker zusammengehalten hatten, verstanden sich zusehend nicht mehr so gut. Die Gegensätze dieser beiden Parteien traten deutlich zutage und es herrschte Uneinigkeit, hauptsächlich wegen Budgetfragen. Die alten Gräben wurden teilweise wieder aufgerissen und die Sprache auf beiden Seiten wieder rüder. Der alte Zankapfel trat wieder zutage, die Besitzenden wollten den kleine Leuten nichts geben. Dazu kam eine KPÖ, die Kommunisten, die ständig opponierten und der VDU (Verband der Unabhängigen), Vorläufer der FPÖ, also die Nazis. Sie gaben auch bereits wieder kräftige Lebenszeichen. Daher waren die Fünfziger Jahre nicht nur gesellschaftspolitisch, sondern auch außenpolitisch unruhige Jahre.

Auf der Baustelle wurde die Arbeit ziemlich unerträglich, denn mit Ende November hatte sich eine Kältewelle eingestellt mit minus 10Grad. Nicht nur unsere Hände waren eiskalt und wir froren wie die Schneider, sondern auch der Mörtel gefrierte, da half auch kein heißes Wasser. Die Firma stellte daraufhin die Arbeit vorläufig ein und wir wurden gekündigt. Nun stand ich bereits wieder beim Arbeitsamt und wartete auf mein Arbeitslosengeld. In diesem Winter 1953 bis 1954 ging es mir ziemlich schlecht, denn hatte ich bei meinem vorigen Zimmerherrn das Abendessen im Preis mit inbegriffen gehabt, jetzt musste ich selbst dafür aufkommen.
Wenn meine Zimmerfrau sagte, sie können heute mit uns mitessen, konnte ich nicht Nein sagen, musste

das Essen aber separat bezahlen. Ein Umstand, der meine kargen Reserven rasch schrumpfen ließ. Einmal war es soweit, dass ich mich in mein Zimmer schlich, mit einer Zwiebel, einem halben Wecken Brot und einer Flasche Bier, um von meiner Zimmervermieterin nicht gesehen zu werden, denn sie hätte mich sicher zum Essen eingeladen, dass ich aber nicht bezahlen hätte können. Um diesen Einladungen auszuweichen, kam ich meisten erst später nach Hause und gab vor, schon gegessen zu haben. Ansonsten aber war unser Verhältnis ausgezeichnet. Mutter und Tochter sahen in mir, da der Mann selten da war, ihren männlichen Part in der Wohnung. Wenn der Mann aber zu Hause war, musste ich mit ihm Karten spielen und Most trinken, auch er hatte ein gutes Verhältnis zu mir. Er war ein lustiger leichtlebiger Mann, der alle Probleme auf die leichte Schulter nahm und sie lieber seiner Frau überließ. Die Wohngemeinschaft mit dieser Familie war sehr innig und für mich eine Bereicherung in meiner Lebenserfahrung.

Beim Arbeitsamt in Steyr lernte ich einen jungen Mann kennen, der Arthur hieß und ‚Maurer war und ebenfalls arbeitslos wie ich. Er war ein großgewachsener junger Mann, hatte eine Schwester in meinem Alter und eine Mutter, für die er sorgen musste, denn sein Vater war in Russland geblieben, er galt als vermisst. Diese Familie bewohnte ein altes Häuschen zwischen Steyr und Münichholz, das baufällig war. Wir freundeten uns an und er machte mir den Vorschlag, ihm

bei der Renovierung seines Hauses zu helfen. Er
hatte den Sommer über, dort wo er gearbeitet hatte,
Baumaterial und Holz eingekauft, das nun im Winter
verarbeitet werden sollte.
Ich willigte also ein, ihm bei der Arbeit zu helfen,
denn Zeit hatten wir ja. Geld gab es dafür keines,
aber Essen. Die beiden Frauen, Mutter und Tochter,
kochten für uns, sie kochten gut und was das Wichtigste war, reichlich.
Die Mutter war eine ganz liebe, etwas dickliche Frau,
die immer sehr freundlich mit mir war. Die Tochter
war groß und schlank und hatte dunkles Haar. Sie
war genauso lieb und freundlich wie ihre Mutter. Sie
war Kellnerin in Bad Aussee gewesen und zur Zeit
auch arbeitslos. Bei dieser Familie verbrachte ich nun
meine Zeit, tagsüber mit Arbeit und abends mit Unter-
haltung, ein wenig Most trinken oder Karten spielen.

So kam Weihnachten. Die Feiertage verbrachte ich
teils bei meinen Zimmervermietern, teils bei der Familie meines Kollegen.
Am Silvesterabend wurde im Gasthaus Pflug in der
Sirningerstraße, eine Tanzveranstaltung abgehalten.
Ich lud das Mädchen dazu ein und wir verbrachten
den Jahreswechsel 1953/54 tanzend im Gasthaus.
In den Morgenstunden gingen wir nach Hause. Als
wir zum Haus meines Kollegen kamen, lud mich das
Mädchen ein, noch mit ihr ins Haus zu kommen,
denn es brannte noch Licht. Wir gingen also hinein,
die Beiden hatten auf uns gewartet und so feierten

wir noch zu viert ein bisschen Neujahr, dann gingen Mutter und Bruder zu Bett. Ich wollte mich auch verabschieden, aber das Mädchen hielt mich zurück, sie sagte es mir gerade heraus „ du schlafst heut bei mir". So blieb ich also und ging erst am Neujahrstag nach dem Mittagessen nach Hause.

Mein Zimmerherr, der auch zu Hause war, empfing mich gleich und ich musste mit ihm Schnaps trinken und bis zum Abend feiern. Die Tochter meiner Vermieter, bombardierte mich mit giftigen Blicken und als ich einmal in mein Zimmer ging um etwas zu holen, zischte sie mir zu „Wo warst du heute Nacht? Wahrscheinlich bei einer Frau!" Sie war mit ihren vierzehneinhalb Jahren offensichtlich eifersüchtig auf mich.

Im neuen Jahr ging ich wieder zum Arbeitsamt, aber Arbeit gab es natürlich keine. Schnee lag auch nicht soviel, dass man Räumkräfte brauchte und so hing man eben herum und tauschte sich mit anderen Arbeitslosen aus. Dabei lernte ich einen Mann kennen, der mir von Wien erzählte, wo er im vergangen Sommer gearbeitet hatte. Wien, so sagte er, wäre ganz anders im Baugewerbe. Genügend Arbeit, gute Bezahlung und ein viel besseres Betriebsklima. Hätte ich nicht meine Familie in Steyr, meinte er, ich würde ganz nach Wien ziehen.

Die Schilderung des Mannes machte mich nachdenklich. Was hält mich hier, so fragte ich mich. Zukunft hatte ich keine und so reifte mein Entschluss, im kommenden Sommer in Wien mein Glück zu versuchen.

Es kam mein 21. Geburtstag. Mein Zimmervermieter war gerade anwesend, die ganze Familie gratulierte mir, die Frau kochte extra ein gutes Abendessen für mich, wie sie sagte, der Mann schlug mir kräftig auf die Schulter und wünschte mir alles Gute zur Großjährigkeit. Das Mädchen küsste mich und wurde anschließend so verlegen, dass wir alle drei lachten, worauf sie ins Schlafzimmer flüchtete. Mein 21. Geburtstag wurde zu einem richtigen Besäufnis. Wir wahren bester Stimmung und leerten eine Doppelliter Most nach dem anderen. Der Mann und ich, wir waren am Ende so betrunken, dass Frau und Tochter uns auslachten. Die Beiden brachten dann ihr betrunkenes Familienoberhaupt ins Bett , aber vorher umarmte er mich noch und küsst mich, mit den besten Wünschen für meine Zukunft. Die frommen Wünsche eines Betrunkenen, dachte ich, hoffentlich bringen sie mir Glück.

Im März ging ich noch zu meinem Freund, um ihm noch ein wenig bei der Arbeit an seinem Haus zu helfen. Als ich ins Haus kam, war nur mehr mein Freund Arthur und seine Mutter anwesend, das Mädchen war weg. Ein Telegramm ihrer Arbeitgeber in Bad Aussee hatte sie veranlasst, unverzüglich abzufahren, aus Angst, man könnte den Arbeitsplatz einer Anderen geben. Ich sah sie nie mehr in meinem Leben. Arthur meinte zwar, am besten wäre es, du heiratest sie, dann könntest für immer bei uns bleiben. Ein gut gemeinter Rat, aber für mich nicht realisierbar. Ich half ihm noch zwei Wochen, dann verabschiedete ich mich von den netten Leuten, mit der Eröffnung, meine Zelte in Steyr abzubrechen und nach Wien zu gehen.

Ich ging zum Arbeitsamt und ersuchte den Beamten um einen Passierschein für die Arbeitssuche in Wien. Er sah mich lächelnd an und meinte „ willst zum Heurigen gehen". Aber ich beteuerte ihm, ich wolle nur Arbeit, für Heurigenbesuche hätte ich sowieso kein Geld. „Is schon gut Bua" meinte er lachend, „geh nur und versuch dein Glück". Er stellte mir einen Passierschein aus und gab mir auch eine Anweisung für etwas Geld. So gerüstet ging ich zu meinem beiden Damen nach Hause. Als ich ihnen meinen Plan sagte, meinte meine Zimmervermieterin „ was tun sie uns an Herr Adolf, so einen Mieter bekommen wir niemals wieder" und die Tochter lief weinend in Schlafzimmer. Ich war gerührt, damit hatte ich nicht gerechnet, dass eine so tiefe Bindung der Beiden zu mir bestand. Aber mein Entschluss stand fest, so wie vor drei Jahren zu Hause – ich musste gehen.

Zwei Tage später fuhr ich nach Hause zu meinen Pflegeeltern und weihte sie in meine Pläne ein. Meine Pflegemutter wusste bereits wieder einen Rat. Ich hätte da eine Adresse für dich, meinte sie, eine Familie in

Wien, die öfters bei uns zur Sommerfrische waren, da könntest hin, vielleicht können die dir weiterhelfen. So nun, mit diesen Aussichten und mit der Wiener Adresse fuhr ich nach Amstetten und bestieg dort einen Eilzug aus Salzburg in die Bundeshauptstadt. Im Zugabteil versank ich förmlich in den Polstern der Sitzbänke, so einen Komfort gab es bei den Nebenbahnen mit ihren harten Holzbänken nicht. Ich war noch nie in meinem Leben so gereist. Die Orte und die Landschaft, sie flogen nur so am Waggonfenster vorbei, ich war beeindruckt. So schnell war ich noch nie mit einem Zug gefahren. Rasch waren wir in Krems. In St. Pölten wurde kurz gehalten und gleich ging es weiter. Es kam der Wienerwald mit seinen zahlreichen Ansiedlungen, doch dann quietschten die Bremsen, Hütteldorf-Hacking rief der Schaffner und der Zug hielt kurz an. Ich fragte einen Passanten, wie weit es noch nach Wien wäre. Er sah mich erstaunt an und sagte „junger Mann, wir sind in Wien".

TEIL 3

DER YBBSTALER IN DER GROSSSTADT

Wien-Westbahnhof, Wien-Westbahnhof , alles aussteigen, Endstation, tönte es aus dem Lautsprecher. Der Zug leerte sich und auch ich stieg aus. Ich ging den Bahnsteig entlang in die Bahnhofshalle. Der Wiener Westbahnhof war im Frühling 1954 erst fertiggestellt worden, daher war er auch noch so neu und so schön. Ich staunte über die großen Glasflächen, den Marmorboden und auch über die Sauberkeit. Ich folgte den Menschen, die aus dem Bahnhof strömten und stand plötzlich auf der äußeren Mariahilferstrasse. Die Menschen um mich waren so zahlreich, wie ich es noch nie gesehen hatte, nicht einmal in Linz. Sie waren teilweise einfach gekleidet, manche sogar mit abgetragenen Sachen, aber auch besser gekleidete Menschen waren dabei, Herren mit eleganten Mänteln und Krawatten und die Frauen und Mädchen hatten Gesichter wie die Filmschauspielerinnen Johanna Matz und Waltraud Haas. Sie lächelten alle freundlich und aufgeschlossen und mein erster Eindruck von Wien war gleich ein guter. Das sprichwörtliche „goldene Wienerherz" war damals noch vorhanden.
Wien war im Jahre 1954 noch in vier Zonen eingeteilt, alle Besatzungsmächte hatten sich Wien aufgeteilt.

Für mein damaliges Begriffsvermögen war Wien eine riesige Stadt, gemessen an dem, was ich bis dahin gesehen hatte. Als ich allerdings in meinen letzten Lebensdrittel auf meinen Weltreisen Shanghai, Mexico City oder New York sah, scheint Wien dagegen wie ein kleines Dorf.

Zu dieser Zeit war Wien noch eine zerbombte Stadt. In jeder Gasse gab es eine Plakatwand, wo sich dahinter eine Bombenruine verbarg. Ich erinnere mich noch genau an die Bombenruine des Dianerbades am Donaukanal oder den zerbombten Nordbahnhof am Praterstern. Die Wiener Staatsoper, die noch eingerüstet war, der zerstörte Südbahnhof, wo man gerade den Wiederaufbau begonnen hatte (in der Gegenwart 2015 ist er bereits wieder niedergerissen und durch den Wiener Hauptbahnhof ersetzt worden).

Ich sah damals in Wien zum ersten Mal die „Vier im Jeep" , die alliierte Militärpolizei, die großen Maiaufmärsche der Wiener Sozialistischen Partei, wo man am Ring keinen Stehplatz fand, die Pferdefuhrwerke, die damals die Straßen bevölkerten, die Handwagen, die Werkelmänner, die Straßenmusikanten, die Lavendelweiber, das viele ausländische Militär und die Wiener Polizei, die 1954 noch zu Fuß patrollierte und die Bevölkerung grüßte und in vielen Dingen auch beratend zur Seite stand. Alles vorbei, längst Geschichte, aber wert, sich daran zu erinnern.
Ich, der Zugereiste, stand nun auf der Mariahilfer-

straße und wusste nicht recht wohin ich sollte. Mein Ziel war die Schlachthausgasse im dritten Wiener Gemeindebezirk. Wie ich so dastand, kam gerade die Linie 52, die stadteinwärts fuhr. Die Straßenbahnen waren damals offen und sie fuhren auch nicht schnell. Man konnte daher, wenn auch verboten, auf und abspringen. Jeder Wagon hatte einen Schaffner, der durch einen Riemenzug eine Glocke zur Abfahrt des Zuges betätigte. Seine Aufgabe war es, darauf zu achten, dass alle Fahrgäste Fahrscheine hatten und niemand gefährdet wurde. Ein fast unmögliches Beginnen, denn bei den mangelnden Zügen, die verkehrten, gab es so zahlreiche Fahrgäste, dass sie wie Trauben an den Trittbrettern hingen.

Ich bestieg, einer inneren Stimme folgend, die Straßenbahn und bekam gleich vom Schaffner meine erste Rüge verpasst. Ich wollte mit zwanzig Schilling einen Fahrschein lösen, der damals 1,30 Schilling kostete. Der Schaffner konnte nicht wechseln und ich höre seine Worte heute noch „Waun ma in die Tramwei steigt, hot ma a Kloagöd eistecka". Ein freundlicher Herr, der meine Unbeholfenheit und meine Verlegenheit sah, wechselte mir meine zwanzig Schillinge, sodass der Schaffner zu seinem Geld und ich zu meinem Fahrschein kam. Der freundliche Herr fragte mich wo ich denn hin wollte und als ich ihm mein Ziel, die Schlachthausgasse nannte, meinte er, dass wir den selben Weg haben. Er wollte auch wissen woher ich komme und ob ich zum ersten Mal in Wien

sei. Als ich ihm sagte, dass ich aus Oberösterreich komme, nickte er verständnisvoll und lächelte. Wir fuhren bis zur Babenbergerstrasse, wo im Gebäude der Belaria die russische Stadtkommandatura untergebracht war und wo auf der Fassade ein riesiges Bild von Josef Stalin prangte.
So, meinte mein freundlicher Wiener, hier müssen wir umsteigen. Er ging mit mir bis zur Straßenbahn der Linie T, ersuchte den Schaffner, mich an der Schlachthausgasse „auszuwagonieren", wie er sich ausdrücke und ging lachend und winkend seiner Wege. Ein freundlicher Herr, dachte ich, wenn alle Wiener so sind, ist es hier gut zu wohnen. Der Schaffner hielt sein Wort und erinnerte mich Ecke Landstrasse-Schlachthausgasse auszusteigen.

Auch hier bot sich mir wieder das selbe Bild, zahlreiche Menschen, die sich an mir vorbei drängten. Ich suchte mir mein Ziel und stand bald in einem recht typischen Altwiener Hof eines damaligen Wohnhauses. In der Mitte der Kastanienbaum, an den Fassaden, die aus Eisen gefertigten sogenannten Pablatschen, Gänge, die zu den Eingangstüren führten, das Plumsklo und das Wasser am Gang. Gleich nach der Eingangstüre einer Wohnung befand sich die Küche und im Anschluss daran ein geräumiges Zimmer, das Schlaf und Wohnzimmer gleichzeitig war.
Die Hausgemeinschaft eines solchen Wohnhauses war homogen. Jeder wusste von den Anderen alles, nichts blieb geheim, z.B. Streit in der Küche, Tratsch

an der Bassena, oder wenn alte Leute am Morgen nicht zur Wasserleitung, der Bassena erschienen, kümmerte man sich darum und veranlasste das Nötigste, denn sie könnten ja krank oder gestorben sein.

Ich stand also nun in so einem Hof. Küchenduft drang in meine Nase, es war gerade Mittag. Es roch nach Kohl und auch die Tätigkeit des Schnitzel klopfen hörte ich. Zur damaligen Zeit war es für jede Hausfrau, ob jung oder alt, eine Selbstverständlichkeit, für ihre Familien täglich frisch zu kochen. Ich stieg in den ersten Stock und stand bald an der Türe, die ich suchte und klopfte an. Es öffnete mir eine etwas dickliche Frau in den besten Jahren, die ich sofort als den Sommergast meiner Pflegemutter erkannte. Auch sie erkannte mich und begrüßte mich mit meinem Namen.

Ich trug ihr also mein Begehren vor und sie sagte mir zu, dass ich für einige Nächte bei ihnen, sie hatte einen Mann der Lohnschlächter bei den nahen Fleischwerken in St. Marx war, schlafen und auch essen konnte. Ich war heilfroh, so rasch ein Domizil gefunden uu haben und setzte mich zu der Frau um mit ihr ein wenig zu plaudern.

MITTEN IN WIEN STEHT DER STEPHANSDOM DRIN!

Den Nachmittag meines Ankunftstages nützte ich, um mir die Innere Stadt von Wien anzusehen. Ich ging zu

Fuß von der Schlachthausgasse zum Stephansplatz. Mein Herz schlug tatsächlich höher, so wie im Wienerlied – als ich den rußgeschwärzten gotischen Dom erblickte. Eine innere Stimme sprach zu mir - „hier bist du geboren, hier sollst du leben und hier wirst du einst sterben". Es befiel mich eine gewisse Ergriffenheit, ein Gefühl des Angekommensseins, ein innerer Friede und die Erleichterung, die ein Wanderer verspürt, wenn er sein Ziel erreicht hat.

An diesem Nachmittag ging ich viel in der Inneren Stadt herum, sah mir viel an, ging durch die Kärntner Straße zur Oper, die noch im Bau war, spazierte über den Ring zum Parlament und dem Rathaus und ging nach meinem Stadtrundgang wieder zurück in die Schlachthausgasse.

Abends kam der Mann meiner Vermieterin nach Hause. Er war ziemlich korpulent, mit einem roten Gesicht und einer Nase, die verriet, dass er gerne Wein trank. Auch er begrüßte mich freundlich und sagte mir zu, dass sie mich die ersten Tage in Wien unterstützen wollten. Wir aßen zusammen ein bescheidenes Abendbrot und gingen dann schlafen. Meine Gastgeber in ihre Ehebetten und ich gegenüber auf die Otomane, eine gepolsterte Sitz und Schlafbank. Mit dem lauten Geschnarche des Mannes schlief ich schließlich auch ein, denn die Müdigkeit des Tages forderte ihren Zoll. Das war mein erster, bewusst erlebter Tag, in meiner Vaterstadt Wien.

Am nächsten Tag war ich schon zeitig unterwegs, denn ich ging auf Arbeitssuche. Schon am Vortag sah ich eine große Baustelle, ein Wohnungsbau auf der Landstraße. Dort ging ich hin und fragte nach dem Baupolier. Man wies mich zu einer Baracke, wo das Baubüro untergebracht war. Ein freundlicher Burgenländer, ich erkannte seine Herkunft an seinem Dialekt, empfing mich und ich fragte ihm nach Arbeit. Er wollte wissen woher ich komme und als ich es ihm sagte, zeigte er sich sehr aufgeschlossen. Er selbst, meinte er, brauche zur Zeit niemanden auf seiner Baustelle, aber er weiß, dass bei einer der Subfirmen, Leute gebraucht werden und er gab mir die Adresse. Das Büro dieser Firma befand sich am Schwarzenbergplatz, der damals noch Majonovsky Platz hieß. Ich ging hin und hatte wiedereinmal Glück, ich wurde aufgenommen. Man kann sich meine Freude vorstellen, ich hatte Arbeit und das in Wien.

Zur damaligen Zeit herrschte in Wien Facharbeitermangel, man war daher froh, wenn sich jemand meldete. Ich betrachtete stolz meinen Einstellungsschein, der mich für den kommenden Montag verpflichtete, auf der Baustelle Kolschitzkygasse in Wien-Wieden zu erscheinen.
Zur damaligen Zeit brauchte man in Wien Passierscheine, wenn man wegen der Arbeit die verschiedenen Zonen wechseln musste.
Ich hatte also nun innerhalb ganz kurzer Zeit eine Arbeit gefunden, aber wie sollte es weitergehen in dieser großen Stadt einen Schlafplatz zu finden? Ich überlegte was zu tun wäre. Und wieder trieb mich eine in-

nere Stimme zurück zu der Baustelle am Rennweg, zu dem freundlichen Polier. Ich berichtete ihm, dass ich aufgenommen sei, aber nun ein Quartier suche. ER sah mich eine Weile an und dachte nach. Vielleicht, meinte er, habe ich etwas für sie. Da hat ein Mann auf unserer Baustelle einen Unfall gehabt, ein Waldviertler, der muss jetzt eine Weile zu Hause bleiben und die Schlafstelle dieses Mannes müsste eigentlich noch frei sein. Er ließ einen Arbeiter rufen und ihn nach dieser Schlafstelle fragen. Als dieser Mann bejahte, diese Schlafstelle wäre noch frei, meinte der Polier „Na also, da hätten wir ja schon etwas für unseren frisch Geflachten „ (Neuling). Er gab mir die Adresse und ich bedankte mich dafür. Sogleich machte ich mich auf den Weg, der mich in die Leopoldstadt, den zweiten Wiener Gemeindebezirk, in der Nähe des Volkertplatzes führte. Ein Russenbezirk und eine verrufene Gegend. Das erfuhr ich allerdings erst später. Mir war im Augenblick nur wichtig, zu einer Schlafstelle zu kommen. Ich fand die Hausnummer und die Tür, klopfte an und es öffnete mir eine kleine schlanke Frau mit rot gefärbten Haar. Sie sah ein wenig wie eine abgetakelte Prostituierte aus. Ich stellte mich vor und fragte wegen des Schlafplatzes. Sie sah mich erst durchdringlich und sehr mißtrauisch an, dann ließ sie sich meine ganze Situation schildern. Dabei fragte sie mich aus, wie ein Kriminalbeamter beim Verhör. Erst als sie alles wusste, wurde ihre Miene freundlicher, ja ich möchte fast sagen, mütterlicher. Sie bat mich in die Wohnung, zeigte mir das Zimmer, wo vier Betten standen, vier Schranke, ein Tisch mit vier Stühlen und in der Ecke ein Waschtisch mit Lavoir und Kübel. Sie zeigte auf ein Bett in der Ecke und sagte, dass dies meines wäre, Frühstück und Abendessen seien im Preis enthalten. Es war nicht billig, aber ich griff trotzdem gleich zu. Ich sagte ihr noch, dass ich nach Steyr fahren würde, um meine Sachen zu holen und am Montag bei ihr einziehen wolle. Sie war damit einverstanden, verlangte noch zwanzig Schilling als Anzahlung, wie sie sagte, und entließ mich dann mit den besten Wünschen.

Meine Gastgeber staunten nicht wenig, dass es mir gelungen war, an einem Tag Arbeit und Quartier zu finden, wobei das Letztere, zur damaligen Zeit in Wien, gar nicht so einfach war. Meiner Bestimmung folgend, war mir auch das gelungen.

Am darauffolgenden Tag fuhr ich nach Steyr, nachdem ich mich bei meinen freundlichen Gastgebern sehr herzlich gedankt hatte.
In Steyr regelte ich meine Angelegenheiten beim Arbeitsamt, meldete mich polizeilich ab, denn das war in der damaligen Zeit ganz wichtig. Bei meiner lieben Familie in Münichholz, bei Mutter und Tochter, gab es noch einen tränenreichen Abschied. Der Mann war nicht zu Hause und so weinten wir zu dritt. Dann war es allerdings so weit, ich fuhr endgültig nach Wien. Dort angekommen, deponierte ich meine Koffer zuerst in meinem neuen Quartier und ging dann zur Polizei,

um mich zu melden. Ein freundlicher Polizeibeamter nahm mich väterlich zur Seite und warnte mich vor der Gegend, wo ich nun wohnen würde. Das ist eine der übelsten Gegenden von Wien, meinte er eindringlich.

Ich trat am darauffolgenden Montag, meine erste Arbeit in Wien, in der Kolschitzkygasse an. Ein großer Wohnkomplex, wo einige Tage vorher ein tödlicher Arbeitsunfall passiert war. Ein Mann war vom Balkon gefallen, Arbeitnehmerschutz war damals noch klein geschrieben.
Ich arbeitete viel und fleißig und meldete mich auch für Überstunden. Das gefiel dem Polier, er nahm mich zur Seite und sagte zu mir „ du bist ein Guter, ich habe dir 10% Überzahlung geschrieben". Ich bedankte mich und arbeitete um so fleißiger, das mir die Antisympathie meiner Kollegen einbrachte.
Als ich meinen ersten Lohn bekam, im Lohnsackerl mit Lohnstreifen, konnte ich es nicht glauben. Erst als ich den Polier befragte, ob nicht vielleicht ein Irrtum bestehe, wusste ich, dass es stimme. Es war mehr als das Doppelte Gehalt, das ich in Steyr verdiente. Der Polier meinte „steck's ein und sag nichts den Anderen"
Abends ging ich in mein Quartier, das ich mit drei Kollegen teilte. Sie waren aus dem Waldviertel und wir verstanden uns gut. Wir bekamen auch anständig zu essen, zwar nur Hausmannskost ohne Fleisch, aber gut gekocht und reichlich. Das Abendessen gab es nur von Montag bis Freitag, über das Wochenende

mussten wir uns selbst verpflegen. Meine Kollegen fuhren meist nach Hause, sodass ich Samstag und Sonntag oft alleine im Zimmer war.

In dieser Zeit hatte ich auch Gelegenheit meine Umgebung zu erkunden. Der Wachebeamte, der mich gewarnt hatte, hatte recht, es war eine üble Gegend. Schon die Tatsache, dass es russische Zone war, machte die Gegend unattraktiv. Dazu kam das lichtscheue Gesindel, das in den Bombenruinen hauste. Die verrohten, durch den Krieg gewaltbereiten Männer, die bei jeder Gelegenheit bis zur Handgreiflichkeit ausrasteten, all die bewaffneten Gangster, Ganoven, Zuhälter, Schleichhändler, Diebe und Einbrecher, die es damals in Wien gab, machten den Bezirk zu einem Gebiet, das man besser mied.

Der Prater war 1954 der Ort, wo die meisten Menschen ausgeraubt wurden. Es herrschte zwar Ausgangssperre zwischen 20 Uhr abends und 6 Uhr morgens, aber man hielt sich nicht daran. Da hörte man oft Schreie, Schüsse fielen und dann kam meistens das Überfallkommando. 24 Polizisten mit Stahlhelmen und Karabinern. Sie verhafteten die Kriminellen und brachten sie nach Favoriten in die Götzasse, ein in Gangsterkreisen gefürchtetes Kommissariat, denn dort prügelte man die Missetäter windelweich. Damals hatte die Polizei noch viel mehr Rechte, ansonsten wären sie der verrohten Bevölkerung nicht Herr geworden.

Nachts waren die Straßen finster, nur spärlich be-
leuchtet. Polizei und russische Patrouillen waren
unterwegs und durchsuchten die Passanten; das hieß
sich ausweisen, Passierscheine überprüfen und mit
erhobenen Armen nach Waffen absuchen lassen.

Rund um den Volkertplatz standen die „Damen des
horizontalen Gewerbes". Wenn ich abends nach Hause ging, wurde ich regelmäßig angesprochen.
Da ich allerdings vorgab kein Geld zu haben und
auch schmutzige Kleider von der Arbeit, ließen sie
mich in Ruhe. Eine jedoch war hartnäckig, die wollte
unbedingt, dass ich mit ihr mitkomme. Sie meinte
„du brauchst nichts zu zahlen, du bist mein Gusta-
bua". Ich war erstaunt, denn ich entsprach so gar
nicht dem Typ der Männer, die diese Frauen bevor-
zugten. Ich wand mich mit einer Ausrede aus dieser
Zwangslage, indem ich vorgab verlobt zu sein.
Auch von Burschen wurde ich angesprochen, ob ich
nicht vielleicht eine bessere Arbeit machen möchte. Da
ich wusste was sie meinten, ging ich wortlos meiner
Wege. Nur Einer wurde deutlicher, er sagte zu mir „wos
is Hawara, mochst mit, mia hätten an Bruch, ana föd
uns no". Ich gab dem Mann, der mich offensichtlich zu
einem Einbruch verleiten wollte, keine Antwort.
Als ich einmal in einem Lokal ein Bier trank, kam ein
Mann auf mich zu, nahm mein Bier und trank es aus
und meinte dann „ wos is Gscherder, zahlst a Bier".
Ich war unschlüssig, was ich sagen sollte. Der Mann
hatte die rechte Hand in der Hosentasche, bei Leuten

seines Schlages war dort meist ein Springmesser zu finden. Der Wirt gab mir einen Wink, den ich verstand. Ich bezahlte wortlos zwei Biere und verließ das Lokal. Ja, das war meine erste Wohngegend in Wien.

In den Frühlings-und Sommermonaten des Jahres 1954 ging unsere Arbeit auf der Baustelle zügig weiter. Wir verlegten hauptsächlich Rapid-Decken, das waren Deckenträger aus Beton und Baustahl, die nach dem Verlegen noch mit Beton ausgegossen wurden. Da keine Isolierung vorhanden war, waren die Fußböden in den Wohnungen entsprechend kalt. Die Isolierungspraktiken von heute waren damals unbekannt.

Bei dieser Firma war ich bis zum Frühling 1955. Der Winter in Wien, kam mir vor wie der Vorfrühling im Ybbstal. Er war so mild, da das Wiener Becken, abgesehen von den kalten Winden, ein an und für sich mildes Klima besitzt. Im Gegensatz zu Waidhofen und Steyr war daher unsere Bauarbeit nicht behindert.

Im zweiten Bezirk blieb ich nur zwei Monate, dann zog ich nach Ottakring, in den 16. Wiener Gemeindebezirk, dort war es ruhiger. Ottakring war Französische Zone und die Übergriffe, die es in den Russenzonen gab, hielten sich hier in Grenzen.

Mit den Besatzungssoldaten war es nämlich so: die „Amis" waren bei den Wienerinnen gefragt, denn die machten großzügige Geschenke. Die „Tommis" (Engländer) und die „Franzmänner" (Franzosen) waren auch noch einigermaßen gefragt, aber den „Iwan" (Russen) wollte keine Frau. Das frustrierte die russischen Soldaten und darum nahmen sie sich mit Gewalt, was sie freiwillig nicht bekommen konnten.

In Ottakring wohnte ich wesentlich besser und freier, als in der Leopoldstadt. In meiner Freizeit ging ich viel spazieren. Ich ging ins Liebhartstal, zum Galizinberg, auf die Sophienalpe, zum Kahlenberg und zum Leopoldsberg, von wo ich dann zu Fuß nach Grinzing hinunterging. In dieser Zeit ging ich auch viel ins Kino und zum Tanzen, z.b. „Zum grünen Tor" in die Lerchenfelderstrasse oder zum „Dumser" in Alt-Ottakring. Den Sommer 1954 genoß ich in vollen Zügen. Auf der Baustelle hatte ich einen Elektriker kennen gelernt, der aus meiner Gegend, aus dem Ybbstal stammte. Er hatte eine Wohnung in Ottakring und eine Familie mit Frau und drei Kindern. Er war ein recht leichtlebiger Zeitgenosse, der mich Freitags nach Arbeitsschluss zu Lokalbesuchen verleitete. Er konnte herrlich Klavier spielen und ich sang oft dazu, denn als junger Mann hatte ich eine recht gute Stimme. Er schleppte mich auch in Bars und Kabaretts in der Innenstadt und so lernte ich mit Otto, der überall bekannt war, auch das Wiener Nachtleben kennen. Sein Wahlspruch war immer „Wer Geld ausgibt, muss auch Geld verdienen" und so machten wir es dann auch.

Otto hatte einen Bekannten, der eine Möbeltransportfirma hatte. Zu dem gingen wir an unseren freien

Samstagen, borgten uns den Lastwagen und fuhren zu Kunden und transportierten Möbel von einem Ort zum andern. Das war zwar eine ziemliche Schinderei, aber wir verdienten gut dabei. Da ich wesentlich sparsamer mit Geld umging als <otto, ersparte ich mir im Jahre 1955 eine ganz schöne Summe Geld.

Es kam das Jahr 1955, ein Jahr, das für Österreich, aber auch für mich, große Veränderungen brachte.

In Russland war Josef Stalin gestorben. Sein Nachfolger und oberster Sowjet, war Nikita Chruschtschow. Er wollte mitten im „Kalten Krieg" ein Zeichen der Entspannung setzen, und dieses Zeichen sollte die Freiheit Österreichs sein.
So beorderte man eine Österreichische Delegation nach Moskau zu Verhandlungen bezüglich eines, schon lange geforderten, Staatsvertrages.
Die österreichische Delegation bestand aus dem damaligen Bundeskanzler Julius Raab, ÖVP, dem Vizekanzler Adolf Schärf, SPÖ, dem österreichischen Außenminister Leopold Fiegl, ÖVP und dem Staatssekretär im Außenamt Bruno Kreisky, SPÖ. Die dreitägigen Verhandlungen verliefen positiv und die Österreicher kehrten zurück nach Wien. Ihre Fahrt von Schwechat nach Wien wurde zu einem Triumphzug.
Am 15. Mai 1955 wurde der Staatsvertrag unterzeichnet und zwar in Wien, im Prunkschloss des Prinzen Eugen, dem Belvedere. Die Unterzeichner waren für England Harold Macmillan, für Frankreich Außenmi-

nister Daladieu, für Russland der bekannte Diplomat Molotow und für die USA John Foster Dulles. Auf österreichischer Seite unterschrieb Leopold Fiegl. Als er das umfangreiche Dokument vom Balkon des Belvederes der zahlreich versammelten Menschenmenge mit den Worten „Österreich ist frei" darbot, wollte der Jubel kein Ende nehmen.

Die Menschen tanzten auf den Straßen, es läutete die große Glock von St.Stephan, die Bummerin und ganz Österreich erfasste ein Freudentaumel. Frei, nach der Hitlerdiktatur, dem Krieg und zehn Jahre Besatzungszeit, endlich frei, wieder Herr im eigenen Land. Am 26. Oktober 1955 verließ der letzte ausländische Soldat österreichischen Boden. Wir waren wieder souverän im eigenen Land, hatten unsere Neutralität, unser eigenes Heer und unsere eigenen Schillinge. Das ganze Land erfüllte Zuversicht für die Zukunft. Die Zonengrenzen waren aufgehoben, der Viersprachen-Ausweis gehörte der Geschichte an. Man löste sich österreichische Pässe und wer finanziell dazu in der Lage war kaufte sich ein Fahrzeug, z.B. Beiwagenmaschinen oder kleine Autos der Firma Fiat oder Puch und es begann eine Urlaubsreisewelle an die nördliche Adria.

Die Orte an der Adria, von Venedig bis zur Hafenstadt Triest, wurden in den Sommermonaten Ende der fünfziger und Anfang der sechziger Jahre zur größten Badewanne der Nord und Mitteleuropäer. Eine Ausnahme waren die Staaten des Ostblocks, denn der

Eiserne Vorhang zu den Grenzen Österreichs wurde sogar noch verstärkt und ausgebaut.

Man beäugte sich nach wie vor misstrauisch und diese Form des Kalten Krieges zwischen Ost und West fand seinen Höhepunkt im Bau der Berliner Mauer. Zu dieser Zeit fanden große Veränderungen in der Europa und der Welt statt.

Auch bei mir, in meinem kleinen Bereich gab es Veränderungen. Ich hatte im Dezember 1954 meine Frau kennen gelernt, wir schmiedeten Zukunftspläne von Familie und eigener Wohnung, wobei das Letztere ein arges Problem in Wien 1955 darstellte. Wohnungsknappheit war ein akutes Problem der Wiener. Obwohl an allen Ecken und Enden gebaut wurde, war es doch eine Misere, die schwer zu lösen war. Wien und Österreich hatte Flüchtlinge aufzunehmen. Die Heimatvertriebenen aus den Sudetengauen, die Kriegsflüchtlinge aus dem rumänischen Banat, die es nach Kriegende vorzogen bei uns zu bleiben und schließlich die ungarischen Flüchtlinge, nach dem Volksaufstand 1956. Dazu kamen die vielen ausgebombten Wiener und noch die Zuwanderer aus den Bundesländern, die „Zuagrasten", zu denen auch ich gehörte. Trotz dieser schier aussichtslosen Lage am Wohnungsmarkt, musste ich zusehen zu einem eigenen Heim zu kommen.

Nach längerem Suchen, fand ich in Wien-Rudolfsheim, in der Rauchfangkehrergasse, eine kleine Wohnung, die allerdings eine Bombenruine war. In dieser freistehenden Wohnung war alles kaputt, die Fenster und Türen, die Decke, die Böden und der Verputz. Ein Volltreffer des Bombenterrors 1944/45 hatte das Nebenhaus getroffen und der Luftdruck hatte alles in der näheren Umgebung zerstört.

Ich stand nun mit meinen 22 Jahren, als junger hoffnungsvoller Mann, vor dem Ergebnis dieses sinnlosen Krieges. Eine Ruine, die auf den Bauarbeiter gewartet hatte. Trotz ihres Zustandes kaufte ich diese zerbombte Wohnung, denn ich hatte keine andere Wahl.

Zwei Kollegen von der Baustelle halfen mir in den nächsten drei Monaten, aus dieser Ruine eine kleine heimelige Wohnung zu gestalten. Als der Maler und der Anstreicher fertig waren, war ich zwar pleite, aber doch auch stolz, es in einer Stadt, wo es nur so von Obdachlosen und Wohnungssuchenden wimmelte, geschafft zu haben. Ich war stolzer Besitzer meiner ersten eigenen Wohnung in Wien!

Unter dem damaligen Bürgermeister und späteren Bundespräsidenten von Wien, Franz Jonas, begann die Stadt Wien einen Prestigebau.
Auf dem Gelände des ehemaligen Schmelzer Friedhofs in Wien Fünfhaus, sollte die Wiener Stadthalle errichtet werden, ein Projekt, für das eine Bauzeit von drei Jahren vorgesehen war. Da wollte ich unbedingt dabei sein. Ich spazierte schon während des Aushubs

vom Erdreich vorbei, um zu sehen, wann es losgehe.
Ich sprach auch mit dem Polier, der mir zusagte mich
einzustellen, wenn es soweit sei.

So kam es, dass ich am Bau der Wiener Stadthalle
von Anbeginn bis zur Fertigstellung dabei war, das
war vom Frühling 1955 bis 1958.

Am Wiener Stadthallenbau wurde mir, mit zwei anderen Zimmerern, eine Aufgabe übertragen, auf die ich
noch heute stolz bin und diese Arbeit ist sichtbar, so
lange die Stadthalle Bestand hat.

Ich wurde nämlich vom Hauptpolier, einem Salzburger, beauftragt, jene Stufen in Fertigteilbauweise
herzustellen, auf die später die Sitze für Besucher an-
geschraubt wurden. Das heißt, jede Stufe der Wiener
Stadthalle, die man betritt bevor man Platz nimmt, ist
unter meiner Anleitung hergestellt worden.

Stadthallenbau 1958

25 JAHRE.

Die Arbeit am Bau der Wiener Stadthalle war eine Arbeit, die ich gerne machte und die mich auch ausfüllte und befriedigte.

Inzwischen hatte ich mich 1956 verheiratet und unsere Tochter war zur Welt gekommen. Wir bewohnten unsere kleine Wohnung und lebten ein bescheidenes, aber einigermaßen ruhiges Leben. Die Television und der Kühlschrank hatte inzwischen bei den kleinen Leuten ihren Einzug gehalten. Besonders die Television war ein gefragtes Freizeitvergnügen und eine arge Konkurrenz für das Kino. Gasthäuser, die Fernsehgeräte aufgestellt hatten, verzeichneten einen Besucherrekord.

Das Fernsehen zu Hause kam erst langsam, doch

als es voll einsetzte, tötete es nicht nur die Kinos, es beeinträchtigte Theater und Konzerte und es brachte auch die obligaten Sonntagsbesuche der Wiener, bei Kaffee und Gugelhupf, und damit die Kommunikation und die sprichwörtliche Wiener Gemütlichkeit zum aussterben.

Das Verkehrsbild auf den Wiener Straßen begann sich zu verändern, Handwagen verschwanden ganz und die Pferdefuhrwerke allmählich. Die Straßen wurden dichter mit Lastautos, Motorrädern, Fahrrädern und Personenkraftwagen befahren.
Die Menschen waren besser gekleidet. Die Männer trugen Mäntel, Hüte und Krawatten und auch die Frauen waren bei ihrer Kleidung eleganter geworden.
Die Fahrbahnen in den Gassen, wo früher Kinder gespielt hatten, waren gefährlicher geworden, denn der motorisierte Verkehr nahm von Jahr zu Jahr zu.

Die kleinen Leute, die Arbeit hatten und verdienten, drängten zum Wohlstand. Jeder wollte möglichst ein Fahrzeug. Motorroller wurden angeboten, Kleinstwagen und auch bereits größere Autos. Der Autobesitz wurde zum Statussymbol der Österreicher. Wo früher die Kinder Schnur springen und Tempel hüpfen konnten, standen in den Sechziger Jahren in jeder Gasse und Straße Reihen von geparkten Autos. So mancher Straßenzug in Wien, wo man früher gemütlich spazieren konnte, war dem Durchzugsverkehr der Autos mit ihren Abgasen geopfert worden.

Es begann der sogenannte Butterbrot Tourismus. Das hieß, am Sonntag rein ins frisch auf Hochglanz polierte Auto mit Kind und Familie, mit Hund und Schwiegermutter und hinaus an den Stadtrand. Der Proviant wurde am Waldrand ausgepackt, die Campingstühle und der Klapptisch aufgestellt, die panierten Schnitzel aus der Schuhschachtel und den Kartoffelsalat aus dem Gurkenglas, alles wurde im Freien verzehrt, denn für Gasthöfe und Restaurants fehlte das Geld. Abends ging es dann wieder nach Hause. Das Fahrzeug wurde vor dem Küchenfenster abgestellt, damit man es im Auge hatte und scheelen Blickes auf seinen Nachbarn schauend, ob der nicht vielleicht in der Zwischenzeit ein größeres Fahrzeug gekauft hatte.

In Oberitalien entstanden in dieser Zeit ganze Campingstädte, die nur von Campern und Leuten frequentiert wurden, die zu wenig Geld für Hotels oder Pensionen hatten.

Die Jahre waren inzwischen vergangen, der Stadthallenbau war fertiggestellt und ich arbeitete bereits an einem neuen Bauvorhaben, nämlich der Unterführung der Linie 18 am Südtirolerplatz. Ich war Vorarbeiter und hatte eine Arbeitspartie von sechs Mann zu beaufsichtigen. Die runden Säulen, die bei der Unterführung heute noch zu sehen sind (Schalung und Betonarbeiten) sind unter meiner Aufsicht von unserer Arbeitsgruppe entstanden.

Der Freitag war immer der Tag der Bauarbeiter, die Burgenländer waren schon am Morgen ganz nervös, denn heute sagten sie, geht es nach Hause zur Familie. Der Wirt an der Ecke putzte am Morgen schon seine Fenster, gebot den Kellnerinnen, sich recht schön herauszuputzen, denn heute kamen die Bauarbeiter und die haben Durst und wollen fesche Mädchen sehen, wie er sich immer auszudrücken pflegte. Am Freitag, nach Erhalt des Lohnsackerl, füllten sich in Wien die damals noch zahlreichen Gasthöfe. Freitag war der Tag der Arbeiter. Es gehörte zu den Gepflogenheiten der damals männlichen Bevölkerung, dass die Bürger ihre Herrenabende am Donnerstag hatten, die Sonntage den Familien gehörten und der Freitag, von Nachmittag an bis hinein in die Abendstunden, gehörte den arbeitenden Männern.

So manche Ehefrau samt Kindern wartete vor der Baustelle am Freitag auf ihren Mann, um wenigstens das Essensgeld für die kommende Woche zu retten, dass der Mann sonst womöglich vertrunken hätte. Ich beteiligte mich an diesen freitäglichen Saufnachmittagen nicht. Ich trank zwar auch gerne ein Bier, aber höchstens nur eines, wenn ich sehr durstig war, ein zweites. Aber dieses allwöchentliche gesellige Besäufnis war nichts für mich.

Ich fuhr nach Meidling zur Nordsee Fischhalle, dort nahm ich mir eine Extraportion frischen Kabeljau und ein Weißbrot, dass ich genüsslich verzehrte. Anschließend ging ich nach Hause, nahm mir frische Wäsche und ging in die Heinekegasse ins Tröpferlbad, das war mein Freitagsvergnügen.

Der „Badewaschl" (Bademeister) führte dort ein strenges Regiment und zehn Minuten Duschzeit durften nicht überschritten werden, aber das tat den Badevergnügen keinen Abbruch. In der Badeanstalt für Männer sah ich in dieser Zeit alle im Adamskostüm, den Fleischhauer, den Milchhändler, den Wirt und sogar die Herren Polizisten von der Wachstube in der Kellinggasse. Ich erinnere mich noch an einen Werbespruch, der dort an der Wand aufgehängt war und der lautete:

Wer badet braucht für sein Programm
heißes Wasser – Seife – Schwamm,
doch das innere Bad braucht mehr,
da muss ein Flascherl Stadtbräu her!

Ja, das waren die Zeiten des Tröpferbades in Wien, denn Duschen gab es ja in den Wohnungen erst später. Trotzden hatten die meisten Menschen ein starkes Reinigungsbedürfnis. Was den Römern ihre Thermen waren, war den Wienern, in den fünfziger und sechziger Jahren des „Tröpferlbad", die Kultstätte der Sauberkeit, der einfachen Leute von Wien.

Wien war mit Ende der fünfziger Jahre noch völlig anders. Es gab außer den freien Flächen der zerbombten Häuser , noch brach liegendes Land, das teilweise bewirtschaftet wurde.
Über der Donau gab es noch Dörfer, die teilweise Landwirtschaft betrieben oder sich mit Weinbau beschäftigten. Da waren die Dörfer Aspern, Kagran, Leopoldau oder Stammersdorf, heute alles verbaute Gebiete.

Es gab keine Donauinsel, die entstand erst in den siebziger Jahren, im Zuge des Baues der Donauregulierung und des Entlastungsgerinnes, zum Hochwasserschutz der Bezirke Leopoldstadt und Brigittenau, die regelmäßig beim Hochwassers der Donau überschwemmt wurden.
Es gab auch noch frei Plätze in Favoriten, z.B. den Eisenstadtplatz, den ehemaligen Böhmischen Prater, wo sich heute das Wiener Gartenschaugelände befindet und die Felder der ehemaligen Baron Drasche Gründe, heute die Per Albin Hanson Siedlung. Die Hochhäuser des Wienerberges stehen auf dem ehemaligen Ziegelgründen, wo die sogenannten „Ziegel-Böhm" aus den Tegellehm der dort vorhanden ist, Mauerziegel fertigten. Ich war noch dabei, als wir von der dorti-

gen Wienerberger Ziegelfabrik Mauerziege abholten. Es gab keine U-Bahnen, deren Bau begann erst Anfang der siebziger Jahre. Es gab nur die klapprige Stadtbahn entlang des Gürtels. Es gab auch keine Schnellbahn und die Vorortelinie war noch vom Krieg zerstört. Wollte man von Hütteldorf nach Stammersdorf, war das eine Tagesreise.

In den darauffolgenden Jahrzehnten verschwanden in Wien die ebenerdigen Alt Wiener Häuser, sie mussten Glas und Beton weichen. So manches lauschige Platzerl musste den großzügig abgelegten Verkehrsbauten der siebziger und achtziger Jahre weichen. Es verschwanden die Greissler, die es in jeder Gasse gegeben hatte, stattdessen kamen die Supermärkte. Kleingewerbebetriebe wurden an den Stadtrand verlegt oder sie verschwanden überhaupt. In den fünfziger und sechziger Jahren gab es in Wien noch Schuster und Schneiderwerkstätten, Milchgeschäfte, Brandweinschenken, Bier-Steh-Hallen, jede Menge Kinos, Gasthäuser und öffentliche Bedürfnisanstalten – alles verschwunden – alles Erinnerungen alter Wiener. Das Stadtbild von Wien hat sich bis in die Gegenwart so verwandelt, dass ein Mensch, der die Stadt sechzig Jahre nicht gesehen hat, sie nicht wieder erkennen würde.

Vom Jahre 1959 bis zum Jahre 1968 warf es mich , arbeitsmäßig, hin und her. Ich musste oft die Firmen wechseln, weil es nirgends richtig passte. Einmal gab es Streit, dann stimmte die Bezahlung nicht, dann

100

gab es wieder zu wenig Aufträge, die Leistung entsprach nicht, oder die Arbeit musste wegen schlechter Witterung eingestellt werden. Alles in Allem, diese Jahre meiner Bauarbeitertätigkeit brachten mich wieder in arge Bedrängnis. Inzwischen hatten wir bereits arbeitsmäßig die 45 Stundenwoche gewerkschaftlich durchgesetzt, es gab einen Dienstnehmerschutz, eine Schlechtwetterregelung und einigermaßen gute Unterkünfte und Waschgelegenheiten auf den Baustellen. Oft gab es durch Schlechtwetter nur 60% vom Lohn, ich kam daher in Geldschwierigkeiten und wir lebten von der Hand im Mund. Ich arbeitete bei verschiedenen Baufirmen in Wien und auch bei einem Zimmermeister in Döbling. Wir bauten die Wohnanlagen in der Brigittenau Spielmanngasse, in der Leopoldstadt eine große Anlage gegenüber der Urania, in Liesing die Feierwehr, in Meidling ein Geschäftslokal, wo ich das Portal schalungsmäßig fertigte, das ich mir heute noch ansehen kann. In Favoriten bauten wir Wohnanlagen in der Buchengasse, in der Fernkorngasse und in der Davidgasse. Eine vielfältige Bautätigkeit, an der ich beteiligt war.

Im Jahre 1966 legte ich die Prüfung für den Turmkranführer ab und arbeitet anschließend in Baden an einem Wohnhauskomplex als Kranführer. Hier musste ich wieder einmal besonders zeitig aufstehen, um in Meidling um 5.45h die Badnerbahn zu erreichen.

In der politische Situation hatte sich inzwischen in Österreich auch einiges verändert. Die Großparteien ÖVP und SPÖ, die seit 1945 eine Koalitionsregierung gebildet hatten, verstanden sich nicht mehr. Innere Zerstrittenheit der SPÖ führte im Jahre 1966 bei den Nationalratswahlen dazu, dass die ÖVP, erstmals seit Kriegsende, so viele Stimmen auf sich vereinigen konnte dass sie die absolute Mehrheit im Österreichischen Parlament hatte. Es kam zur Regierungsbildung und dieses Mal konnte das die ÖVP im Alleingang durchziehen. Bundeskanzler wurde der Salzburger Josef Klaus.

In diesen vier Jahren, von 1966 bis 1970, betrieb die ÖVP eine so harte Politik für ihre Klientel, dass sie 1970 die Wahlen verlor und der SPÖ Spitzenpolitiker Bruno Kreisky die Wahlen gewann und danach 13 Jahre lang die Geschicke Österreichs in einer Alleinregierung bestimmen konnte.

Ich hatte nach meiner Zeit in Baden als Kranführer genug. Ich hatte mir eine Erleichterung meiner Arbeit am Bau versprochen, in Wahrheit war es das nicht. Einerseits war es eine hohe Verantwortung, in der kalten Jahreszeit war es noch kälter als bei der Zimmermannsarbeit und das Pendeln von Wien nach Baden kam auch noch erschwerend dazu. Ich suchte mir daher wieder in Wien eine Arbeit als Zimmermann.

Ich geriet dabei in eine Arbeitspartie, die im Akkord Schalungen herstellte, Decken verlegte und auch Betonarbeiten durchführte. Wir waren zu viert und hatten ein Vorarbeiter, der Rudolf hieß. Wir arbeiteten gut zusammen und verdienten durch unseren Fleiß auch anständig Geld. Meine lieben Kollegen jedoch, wenn sie am Freitag ihre Geldsackerln öffneten, ließen ihre Augen funkeln und dachten sofort an das nächste Gasthaus. Es kam wiedereinmal so ein Freitag, wir gingen alle geschlossen in ein Gasthaus, wo uns der Wirt schon kannte. Der Rudolf ließ gleich die erste Runde Bier auffahren, dann kam der Schweinebraten mit Knädel und Sauerkraut, dann noch eine Runde Bier nach der anderen und spätestens, als die Kellnerin auf Rudis Schoß saß, war es mit der Zurückhaltung vorbei.

Eine Runde löste die andere ab, die Musikbox lief heiß und die übrigen Gäste des Lokals waren in unsere Freitagsstimmung mit eingeschlossen.

Meine lieben Kollegen waren schon ziemlich betrunken und auch ich spürte, obwohl ich mich zurückgehalten hatte, dass ich genug hatte. Ich stand auf, ging zur Toilette und wollte mich anschließend verabschieden. Da allerdings hatte ich die Rechnung mit dem falschen Wirt gemacht. Rudi meinte zu mir „ was willst du schon zu Hause?" Ich erinnerte, dass es 20h wäre, aber er lachte und sagte „na und, bist du vielleicht ein Pantoffelheld der pünktlich zu Hause sein muss?" Ich überhörte die beleidigende Anspielung und sagte kurz „ich gehe". Rudi bekam zornige Augen, er war ein jähzorniger Mann, und seine Worte auf mein „ich gehe" kamen zornig „wenn du jetzt gehst, schlägst du in meiner Partie keinen Nagel mehr ins Holz". Ich war ebenfalls zornig und meinte darauf „dann eben nicht" und ging ohne Gruß aus dem Gasthaus und fuhr nach Hause.

Zu Hause erzähle ich den Vorfall meiner Frau, mit der

Bemerkung, dass wir den guten Verdienst dieser Arbeitsparatie nun los sind, gleichzeitig aber bekräftigte ich aber, schon wieder eine Arbeitsstelle zu finden. Meine Frau gab mir recht und bestärkte mich darin, dass ich richtig gehandelt hatte.

Montags darauf kam ich in die Umkleidebaracke der Baustelle. Alle meine Kollegen waren bereits versammelt. Ich grüßte, ging an meinen Spind, nahm meine Sachen heraus und fing an zu packen. Da fragten sie alle drei zugleich, was das soll und meinten, dass das Ganze eine besoffene Geschichte war und ich solle doch bleiben. Ich triumphierte innerlich, ich hatte gewonnen.

Später erfuhr ich, dass sie das ganze Wochenende nicht zu Hause waren und im Park geschlafen hatten, weil sie der Wirt hinausgeworfen hatte und sie auch kein Geld mehr besaßen. Der Polier gab ihnen zwar einen Vorschuss, aber von den Streitigkeiten, die sie zu Hause hatten, wollte ich lieber nichts wissen.

Von diesem Tag an, nahm ich sie mir zur Brust. Ich wurde ihr „Säckelwart" und wir eröffneten alle vier ein Konto bei der Raiffeisenkasse. Am Freitag nahm ich ihr Geld, sie bekamen nur ein angemessenes Trinkgeld für das Wochenende und am darauffolgenden Montag bekamen sie den Rest. Einen gewissen Geldbetrag brachten wir jede Woche zur Bank. Sie befolgten meinen Rat und es ging mit ihren Finanzen aufwärts. Als sich unsere Arbeit dem Ende zuneigte, lud uns die Firmenleitung, gemeinsam mit unseren

Frauen zu einer Gleichenfeier ein. Wir waren bester Stimmung und plötzlich sagte Rudis Frau, so dass es alle hören konnten, zu mir „ der größte Gewinn für eure Arbeitspartie und für uns Frauen, waren sie. Seit sie bei der Firma sind, wird bei uns nicht mehr um Geld gestritten." Das war für mich das schönste Kompliment, das ich mir wünschen konnte und ich dachte an meinen Freund Leo aus meinen Jugendtagen und an das Versprechen, das er mir nach meinem ersten Rausch als Lehrling abgenommen hatte. Heimlich, unter dem Tisch, wechselte ich einen Händedruck mit meiner Frau.

Wieder bei einer anderen Baustelle, schleppte ich mich nach Arbeitsschluss hundemüde, durchnässt und schmutzig in die Unterkunftsbaracke. Es war ein nasser und kalter Februartag gewesen und mein Geburtstag war schon in greifbarer Nähe. Ich besah mir meine dreckigen Gummistiefeln und machte Bilanz über mein bisheriges Leben. Diese Bilanz fiel im höchsten Grade negativ aus, irgend etwas, so sagte ich mir, muss sich in meinem Leben ändern. Ich überlegte zu ersten Mal, meinen Beruf aufzugeben und etwas anderes zu beginnen.

Ich hatte mir von der Baugewerkschaft einen Kollektivvertrag besorgt, den ich immer bei mir trug. Kollegen, die das wussten, fragen mich öfter um Rat. Das kam auch dem Polier zu Ohren. Eines Nachmittags, ich stand gerade in einer Baugrube, kam der Baumeister zu mir, fragte mich erst nach meinem Namen und sagte dann in barschem Tone zu mir, dass ich

fristlos entlassen sei, wegen Aufwiegelung der Belegschaft, ich solle meine Sachen packen und gehen,
denn Leute, die den Kollektivvertrag mit sich her-
umtragen, für die sei kein Platz in seiner Firma. Ich
versuchte mich zwar zu verteidigen, aber sein Entschluss stand fest, ich musste gehen.
Ich verklagte ihn zwar bei der Arbeiterkammer und
bekam auch recht, aber entlassen war entlassen. Es
war dies übrigens die einzige fristlose Entlassung
meines Lebens und ich bin stolz darauf, denn mit dieser Ungerechtigkeit änderte sich mein Leben.

Im Jahre 1968 begann die Großbaustelle der Per-
Albin-Hanson Siedlung in Rothneusiedel. Eine riesige
Wohnanlage sollte gebaut werden und ich war von
Anbeginn dabei. Erst arbeitete ich am Grundbau,
später kam ich in die Bautischlerei. Die Entlassung,
die mir ungerechter Weise widerfahren war, ging mir
nicht aus dem Kopf und ich begann mich für die Gewerkschaft zu interessieren.

Ich besorgte mir Unterlagen und studierte in der Pau-
se und in meiner Freizeit das Arbeitsrecht. Wenn man
etwas weiß, redet man natürlich auch darüber. So
kam es dass ich im Kreise meiner Kollegen bald die
Vertrauensperson war und in gewissen Dingen auch
ihr Sprecher. Es kamen die nächsten Betriebsrats-
wahlen. Unsere Firma hatte drei Großbaustellen und
zwei Fertigteilwerke, also ein großer Betrieb. Der Zen-
tralbetriebsrat kam auf die Baustelle um die Kandida-

tenliste für den gesamten Betriebsrat zu erstellen und ich wurde in einer Betriebsversammlung als Kandidat für unsere Baustelle nominiert. Die Wahl fand statt, der Betriebsrat in seiner Gesamtheit wurde gewählt und ich war Baustellenbetriebsrat der Per-Albin-Hanson Siedlung in Favoriten.

Nun hatte ich natürlich ganz andere Möglichkeiten. Ich konnte an Informationsveranstaltungen der Gewerkschaft teilnehmen oder auch an Betriebsratssitzungen in der Zentrale. Ich hatte einen Ausweis, der mir bei der Arbeiterkammer, der Krankenkasse, der Pensionsversicherung, bei der Bauarbeiter Urlaubskasse und der Unfallversicherung Tür und Tor öffnete. Ich hatte freie Zeit für Wege und Erledigungen bei den diversen Stellen für die Kollegen und was das Wichtigste war, ich hatte Zugang zur Bildung, zum Insiderwissen und zu Informationen.

Um mir meine Arbeit zu erleichtern, gab mir der Bauleiter den Posten eines sogenannten „Schlüsselwartes". Dessen Aufgabe war es, morgens und abends die Baublöcke auf und zuzusperren, die Fremdfirmen zu kontrollieren, Materialien , die gebracht wurden, entgegen zu nehmen und die Blöcke auf Unzulänglichkeiten zu überprüfen. Ich war daher völlig ausgelastet, da ich abends der Letzte war der ging und morgens der Erste sein musste, der da war, um die Blöcke aufzusperren. Ich musste um 4h Früh aufstehen um nach Rothneusiedel zu kommen und kam abends spät nach Hause. Allerdings verdiente ich gut und brauchte mich nicht wegen Schlechtwetter oder Kündigung sorgen.

Obwohl sie anstrengend war und mit viel Ärger, Streit und Intrigen verbunden war, machte ich diese Arbeit gerne. In der Baugewerkschaft war ich inzwischen bestens bekannt und so ergab es sich, dass man mir nach drei Jahren einen neuen Betriebsratsposten in Aussicht stellte.

Damals war die Zeit, wo der Wiener U-Bahn Bau begonnen wurde. Am Karlsplatz klaffte bereits ein riesiges Loch im Boden. Es war dies die Baugrube für den Ansatz der Vortriebsmaschine, die ihren Tunnel nach Süden durch den Lehmboden fräsen sollte und zwar vom Theresianum über den Südtiroler Platz, den Keplerplatz bis zum Reumannplatz. U1 sollte sie heißen und später einmal bis nach Kagran geführt werden.

Mich schickte die Gewerkschaft auf die Baustelle Südtirolerplatz, ich sollte mich beim dortigen Bauleiter melden.

An der Baustelle herrsche schon reges Leben. Der ganze Südtirolerplatz war abgesperrt, Baracken wurden errichtet, Arbeiter liefen hin und her, Fuhrwerke, Planierraupen und Bagger gab es und alles war schon in geschäftiger Bewegung.

Ich ging in die große Baracke, wo die Bauleitung untergebracht war und stand bald einem korpulenten Steirer gegenüber, der die Bauleitung inne hatte.

Da ich avisiert war, empfing er mich auch freundlich, allerdings mit einem Gesichtsausdruck, der seine Gedanken erahnen ließ: das notwendige Übel ist gekommen. Betriebsräte brauchte man wohl, aber sie waren bei der Führungsriege der großen Firmen, eher als nicht so gern gesehene Störenfriede im Einflussbereich des Bauablaufes verschrien.

Der Bauleiter musterte mich eingehend und fragte dann „sie sollen also unser Betriebsrat werden, von ihren Herren wurden sie ja schon wärmstens empfohlen. Ich antwortete ihm, dass ich als Arbeitervertreter keinen Herrn kenne, denn mein Auftraggeber ist die Belegschaft. Er meinte, ich sei ein Mann mit Prinzipien, das gefalle und wünschte mir eine gute Zusammenarbeit. Zur Bekräftigung kam er hinter seinem Schreibtisch hervor, pflanzte sich vor mir auf, er war ein großer Mann, und reichte mir die Hand. Er fragte mich was ich nun vorhabe und ich antwortete, dass ich die Arbeiter auf einen Interessenvertreter vorbereiten und eine Betriebsversammlung abhalten werde. Gut meinte er, meine Zustimmung haben sie, betrachten sie sich als eingestellt in ihrem Beruf als Zimmermann.

DIE LETZTE SCHINDEREI

Meine erste Aufgabe, die mir zugewiesen wurde, war das Aufstellen der Wohnbaracken für unsere auswärtigen Kollegen, die wochentags eine Unterkunft in Wien brauchten. Diese Wohnbaracken wurden in Liesing aufgestellt, sie kamen aus Linz und mit ihnen sechs junge kräftige Burschen, die diese Arbeit im Akkord übernommen hatten. Die Burschen, alles Zimmerer, legten ein Arbeitstempo vor, mit dem ich nicht mithalten konnte. Ich stellte zum ersten Mal in meinem Leben fest, dass ich eigentlich schon zu alt war, für diese schwere und kraftraubende Arbeit. Zum Glück dauerte diese Schinderei nur zwei Wochen, dann kam ich zurück zum Südtirolerplatz. Inzwischen waren die Arbeiter auf siebzig Mann herangewachsen und ich begann mit den Leuten über die Gewerkschaft und den Betriebsrat zu sprechen. Dabei musste ich natürlich meine Arbeit unterbrechen, was mir gleich eine Rüge des zuständigen Poliers eintrug. Als ich ihm erklärte, das meine Vorgangsweise mit der Bauleitung abgesprochen sei, lachte er und meinte „ach was, Betriebsrat, das werden wir erst noch sehen." Ich sah schon, ich musste wiedereinmal kämpfen. Ich kämpfte also gegen den Widerstand der Kollegen, denn Gegner der Gewerkschaft gibt es in jedem Betrieb., gegen die Poliere und letztlich auch gegen die Bauleiter, die das Versprechen der Unterstützung ihres Oberbauleiters nicht anerkennen wollten. In mühevoller Arbeit gelang es mir, eine Betriebsratsliste aufzustellen und mit Hilfe der Baugewerkschaft auch einen Termin für die erste Betriebsversammlung zu erreichen.

Als jedoch die Belegschaftsversammlung gekommen war, stellte sich heraus, dass es eine Gegenliste gab, die mit einigen Kisten Bier vom den Polieren gesponsert war, mit der Absicht, die Versammlung zu stören und die von mir aufgestellte Liste nicht zu wählen. Beide Listen wurden für gültig befunden und es wurde gewählt. Meine Liste unterlag mit einer Stimme. Im Anschluss jedoch, bei der konstituierenden Sitzung, gelang es durch die Überzeugungskraft der Gewerkschaftsvertreter, doch mich zu ihren Vorsitzenden zu wählen. Ich war also Betriebsratsobmann der ARGE-U-Bahn-Südtirolerplatz. Bei meiner Vorstellung erntete ich Applaus, meine Gegner jedoch hielten sich bedeckt. Der Bauleiter gratulierte mir herzlich, wahrscheinlich um den Gegnern den Wind aus den Segeln zu nehmen und der Gewerkschaftsvertreter hielt eine eindringliche Rede über die Wichtigkeit von Betriebskörperschaften und die Vorteile vom Zusammenschluss der Kollegen in den Betrieben.

Ich hatte also gesiegt, von diesem Tag an,, war man anders zu mir. Meine größten Widersacher vor der Wahl waren plötzlich freundlich, ja fast unterwürfig. Ein deutscher Ingenieur zog sogar seine Baskenmütze, wenn er mich sah. Ich war nun Betriebsratsobmann, wurde von der Zimmererarbeit freigestellt und konnte mich nun meiner Aufgabe widmen. Ich war Herr meiner Zeit und konnte mir diese einteilen, wie es mir beliebte.

Die sprichwörtliche Schinderei und das Ertragen der winterlichen Kälte gehörten bei mir der Vergangenheit an. Ich hatte mein eigenes Büro, eine mir zugeteilte Schreibkraft und einen ordentlichen Lohn, ich war zufrieden. So hätte es weitergehen können, aber das Schicksal hatte es für mich anders bestimmt.

Die große Baugrube am Südtirolerplatz war fertiggestellt, man begann mit der Montage der Vortriebsmaschine, dem „Maulwurf", die sich in Richtung Theresianum fräsen sollte. Mittels Laserstrahl sollte die Richtung bestimmt werden und beim Theresianum sollte das Zusammentreffen der beiden Tunnelmaschinen erfolgen, eine kam vom Karlsplatz und unsere vom Südtirolerplatz.

Die Monate vergingen, ich machte meine Arbeit gewissenhaft und wurde dabei unter den Arbeitern immer beliebter. Im punkto Betriebsvereinbarung, sanitäre Einrichtungen und auch Verbesserung der Kantine, ich führte die Essensmarke ein, hatte ich einige Erfolge zu verzeichnen und erreichte auch Verbesserungen bei der Sicherheit am Arbeitsplatz.

Zweimal hatte ich öffentliche Auftritte im Beisein von Bezirksvertreter und Stadträte. Beide Male hielt ich schöne Ansprachen, die teilweise auch in der „Zeit im Bild" gesendet wurden. Ich der kleine Ybbstaler kam ins Fernsehen.

Meinen größten Auftritt jedoch hatte ich in Anwesenheit des Bürgermeisters und des Stadtsenats, beim Durchbruch des U-Bahnstollens beim Theresianum, als die letzte Erdscholle fiel und die beiden Mannschaften, die im U-Bahnstollen arbeiteten, sich in die Arme fielen und mich vor der Fernsehkamera in ihre Mitte nahmen.

Im menschlichen Leben gibt es Momente, wo man für viel Negatives entschädigt wird. So ein Moment war das, als die Mineure riefen „ der Betriebsrat muss zu uns" und mich in ihre Mitte nahmen. Wir schüttelten uns die Hände und gratulierten uns gegenseitig zum Erfolg.

Einige Monate später bekam ich um die Mittagszeit einen Anruf aus der Zentrale der Baugewerkschaft. Als ich dort erschien, teilte man mir mit, dass sie mich als neuen Gewerkschaftssekretär brauchen würden.
Ich war ganz überrascht, dass man ausgerechnet mich ausgewählt hatte, gerade jetzt, wo es bei mir gut lief. Sekretär, das hieße, so dachte ich bei mir, umlernen, Einkommenseinbußen, Angestelltenverhältnis, Führerscheinprüfung ablegen, denn ein Fahrzeug war Bedingung. Sollte ich mir das wirklich antun?
Ich überlegte aber weiter, ich war gerade vierzig Jahre geworden, nicht mehr so kräftig wie früher und ich

erinnerte mich an die Beschwernisse meines Berufes und dass ich außer der Bauarbeit nichts gelernt hatte. Ich besprach mich noch mit meiner Frau, die mir riet, den Schritt zu wagen, denn das wäre etwas „Sicheres", meinte sie und so entschloss ich mich, ja zur neuen Aufgabe zu sagen. Damit allerdings , mit diesem Schritt, änderte sich mein Leben grundlegend. Ich wurde in den nächsten 21 Jahren, bis zu meiner Pensionierung, ein völlig anderer Mensch. Dieser neue Beruf als Angestellter des Österreichischen Gewerkschaftsbundes eröffnete mir ungeahnte Möglichkeiten und Perspektiven und ich habe diesen Schritt nie bereut.

So wurde ich als kleiner „Ybbstaler Häuselbub", der in seiner Kindheit Ziegen gehütet hatte, Angestellter des großen Österreichischen Gewerkschaftsbundes. Meine berufliche Laufbahn, vom Lehrbuben und späteren Zimmermann in Waidhofen bis zum Betriebsratsobmann in Wien umfasste eine Zeitspanne vom 2. September 1947 bis zum 31. Juli 1973 und hatte alle Mühen, Entbehrungen, Beschwernisse und Enttäuschen eines Bauarbeiters beinhaltet.

Ich hatte in meiner Laufbahn als Bausekretär noch viele erheben Momente erleben dürfen, aber der Höhepunkt meines Schaffens war die Festrede nach der Fertigstellung des Rohbaues am Wiener Allgemeinen Krankenhaus, anlässlich des Festaktes der Gleichenfeier in Anwesenheit aller namhaften Vertreter des Wiener Rathauses. Ich wurde ausgewählt, im Namen

aller am Bau des AKH beteiligten Arbeiter und Ange-
stellten, diese Rede zu halten, worauf ich heute noch
stolz bin.

Das war mein Weg, der Weg eines Bauarbeiters, der streckenweise ein Leidensweg war und der mich bis zum Gewerkschaftsangestellten führte. Stellvertretend für abertausende Bauarbeiter in Österreich habe ich das zu Papier gebracht.

NACHWORT

Ich habe mein Leben als Bauarbeiter der Nachkriegszeit geschildert. Zur Auflockerung habe ich viele persönliche Episoden einfließen lassen, auch ein wenig die Politik und die Zeitgeschichte gestreift, um damit ein umfassendes Bild zu schaffen, das mir, so hoffe ich, gelungen ist.

Wir, die Bauarbeiter von einst, mussten zwar viel an Hunger, Entbehrungen und Beschwernissen auf uns nehmen, aber wir hatten Perspektiven und wir wurden nicht so schamlos ausgebeutet, wie das beispielsweise heute praktiziert wird.

Wir haben in den guten Jahrzehnten, den siebziger und achtziger Jahren versucht, alles Erdenkliche an Errungenschaften im sozialen Bereich für die Bauarbeiter zu schaffen. Teilweise ist uns das auch gelungen. Heute müssen wir leider feststellen, dass es bereits wieder rückschrittliche Tendenzen gibt. Seit den neunziger Jahren wurden unsere beharrlich erstrittenen Rechte für die Arbeitnehmerschaft in Österreich, aus oft fadenscheinigen Gründen aufgeweicht, durchlöchert und öfters sogar außer Kraft gesetzt.

Wir haben dem Neoliberalismus alles geopfert, aber die soziale Komponente ist leider auf der Strecke geblieben. Das Schreckgespenst der Arbeitslosigkeit geht wieder in ganz Europa um. Leider ist auch unser Land nicht ausgenommen. Heute heißt es wieder zittern um den Arbeitsplatz und obwohl die Bedingungen gemildert sind, bleibt arbeitslos doch arbeitslos.

Wir, die älteren Bauarbeiter, sehen diese Entwicklung mit Besorgnis und können den jüngeren nur raten, sich europaweit in den Organisationen zu solidarisieren, denn das Schlimmste, das der Bauarbeiterschaft widerfahren kann, ist die Entsolidarisierung.

Der Verfasser